CLOCK
WORK

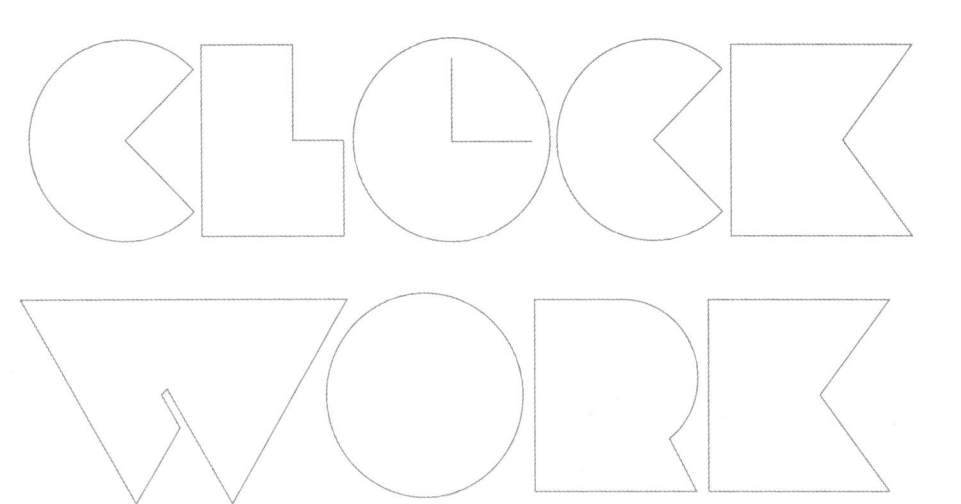

发条原则

有序运转的管理模式
让企业

[美]迈克·米夏洛维奇
(Mike Michalowicz) 著

刘可澄 —— 译

北京联合出版公司
Beijing United Publishing Co.,Ltd.

图书在版编目（CIP）数据

发条原则：让企业有序运转的管理模式/（美）迈克·米夏洛维奇著；刘可澄译. --北京：北京联合出版公司，2022.6
ISBN 978-7-5596-6086-2

Ⅰ.①发… Ⅱ.①迈… ②刘… Ⅲ.①企业管理－管理模式－研究 Ⅳ.①F272

中国版本图书馆 CIP 数据核字(2022)第 054582 号

Copyright © by Mike Michalowicz

All rights reserved including the right of reproduction in whole or in part in any form. This edition published by arrangement with Portfolio, an imprint of Penguin Publishing Group, a division of Penguin Random House LLC.

发条原则:让企业有序运转的管理模式

作　　者:[美]迈克·米夏洛维奇
译　　者:刘可澄
出 品 人:赵红仕
责任编辑:徐　樟
封面设计:王梦珂

北京联合出版公司出版
(北京市西城区德外大街 83 号楼 9 层　100088)
北京联合天畅文化传播公司发行
杭州青翊图文设计有限公司排版
北京美图印务有限公司印刷　新华书店经销
字数 220 千字　880 毫米×1230 毫米　1/32　9.875 印张
2022 年 6 月第 1 版　2022 年 6 月第 1 次印刷
ISBN 978-7-5596-6086-2
定价:65.00 元

版权所有,侵权必究
未经许可,不得以任何方式复制或抄袭本书部分或全部内容
本书若有质量问题,请与本公司图书销售中心联系调换。电话:(010)64258472-800

发条原则早期读者及方法试用者的评价

《发条原则》彻底颠覆了我管理企业的方法,因此我的一家公司破天荒地在 5 天内获得了 22000 名用户,另一家公司连续 3 个月实现了创立 8 年以来的最高盈利额,且丝毫没有减速的迹象。哦对了,以上两件事情都是在我休假时发生的。我把《发条原则》的规划阶段内化在了企业管理中,并努力向规划者转型。正因如此,我才能拥有悠长的假期。

——瑞安·兰福德(Ryan Langford)
终极课程帮公司①(Ultimate Bundles)CEO(首席执行官)

我在公司内实施了《发条原则》中提到的方法,彻底改变了许多事情——作为公司的战略官及首席内容创作者,我比以前自由多

---

① 查阅了这家公司的网站,主业是以折扣价格捆绑销售多本电子书及线上课程。Bundle 有捆绑的意思,而"帮"与"绑"谐音,所以译作"课程帮"。——译注

了,可以去完成只有我能完成的工作,其余工作则托付给了团队成员。我们突破了公司的发展瓶颈,学会了如何监控指标以做出更明智的决定。更妙的是,公司的团队氛围更好了!

——鲁斯·苏库普(Ruth Soukup)
生活好花钱少公司(Living Well Spending Less)CEO 及创始人,作家

自从实施了《发条原则》中的方法框架,我彻底从企业事务中脱身了。我终于可以掌控企业,而不再被企业所操控。多亏了这本书,我们将在夏天踏上为期一个月的旅途,横穿加拿大,无需操心工作。在我彻底离开企业时,企业还能自主运转,我的梦想成真了!

——阿什利·布朗(Ashley Brown)
她执行公司(She Implements)及努维左舞蹈工作室
(Nuvitzo Dance Studio)的老板及创意总监

以前,为了提高销售转化率,我花了许多时间,想了很多办法,但总以失败告终。读完《发条原则》的 ACDC 瓶颈法后,我才发现原来公司的转化率还不错,问题反而出在了潜在用户上!于是,我通过书中的方法建立了一个系统,来监控各平台的用户访问量和用户来源。有了这些数据后,我才得以正确地梳理出每周的工作重点。我开始把工作重心放在获取更多的新用户上。不久后,我们的潜在

发条原则早期读者及方法试用者的评价

用户数量就翻了近三倍！

——卡丽·马尔赫夫卡（Carlee Marhefka）

吃掉 80 公司（Eat The 80）CEO

作为企业老板，我总把事情复杂化。阅读了《发条原则》中的方法后，我才清楚地认识到，有哪些方面阻碍了自己的进步；以及哪一部分工作需要外包出去，才能让企业更好地发展（并且让自己晚上有时间睡觉）。仅仅是做到了以上两点，我就已经能用同样的，甚至更少的工作时间完成更多的事情。变化太大了。

——塔拉·亨金·阿里安托（Tara Hunkin Aryanto）

我的孩子将茁壮成长公司（My Child Will Thrive）CEO

致杰克·米夏洛维奇：

兄弟,最近好吗?

前言

"现在是凌晨两点,我绝望地给你写下了这封邮件。"

这是企业家西莱斯特①(Celeste)写给我的求助邮件的第一句话。在过去的8年间,我收到了无数读者及听众的邮件,他们从我的书、演讲、文章、视频或播客中,得知了我"消除企业家贫困"的使命。我一封不落地做了回复,还保存了好几封邮件。其中,西莱斯特的这封邮件燃起了我心底的火苗,促使我完成《发条原则》这本书。

邮件继续写道:"我开了一家幼儿园,但挣不到钱。从一开始我就没有拿过工资,到现在我已经负债累累。今天晚上,我破产了。不仅仅是财务破产,我的灵魂也'破产'了。我想,脱离这种困境的最快方法就是结束自己的生命。"

---

① 化名。——原注

读到这里，我的心往下一沉。我为西莱斯特的人生感到担忧，不，应该是感到害怕。同时，我也察觉了她的脆弱。

"请理解，这不是一封遗书。"西莱斯特继续写道，"我不会在这个时候做出这种傻事。要是我真的这么做了，只会给我的家人造成负担。但如果我是孤身一人，那么我应该已经不在这个世界上了。你知道吗，我患有双侧肺炎，而且我连幼儿园的清洁工也请不起。我刚才花了整整4个小时拖地擦墙。我累坏了。我一直哭，哭到累得哭不动时才停下来。我太缺少睡眠了。我病得很严重，却焦虑得睡不着。我唯一能奉献给企业的就是时间，而现在，我连时间也耗尽了。"

我的心都"碎"了。作为企业家，我也曾数次陷入西莱斯特的这种精神状态。我还认识无数企业家，他们的状态跌落谷底，正迫切地寻找着出路。这封邮件的最后一句话，我将永远铭记：

"我的梦想变成什么了？我被困住了，我太累了。现在的工作量已经是我的极限了，也可能不是吧。我想自杀，我的工作或许就是一种慢性自杀。"

我的梦想变成什么了？ 这个问题引起了你的共鸣吗？读这封邮件时，这个问题引起了我的共鸣。我们不断地工作、工作、工作、工作。不知不觉中，那些我们曾骄傲地和朋友分享的商业点子、在白板上写下的创业计划、与第一批员工畅谈的企业前景，这一切都变成了模糊的记忆，遥不可及。

通常来说，我会在经过读者的同意后，再把他们的邮件分享出

前　言

来。然而，我不知道怎么联系西莱斯特。我希望她能读到这本书，和我取得联系。我给她写了好几封邮件，但她从来没有回复过。我也没有找到关于她的任何信息。直到今天，我依然会想起她。我在这里和大家分享她的故事，以作为警示。

西莱斯特，如果你读到了这里，请给我发一封邮件，我会帮助你的。如果你不想联系我，也一定要知道：拖企业后腿的绝对不是你，是企业的制度。而企业制度是可以改善的。

也许你和西莱斯特感同身受，也许（希望如此）你的境况没有西莱斯特的那么悲惨：你能够一周又一周地坚持这份苦差事，维持着企业的运转。不论处于哪种情况，你很可能从来都不曾认为自己可以放松下来，**减少**花费在企业事务上的时间和精力。这是为什么呢？

我认识的大多数企业家会包揽所有事情。即使雇用了员工，我们依旧会花同样多的时间，甚至更多的时间，去告诉员工怎么完成那些不该由我们操心的事情。我们收拾烂摊子，通宵工作，然后再收拾更多的烂摊子。我们在假期和周末也不忘工作，却忘记了向家人许下的承诺，不断地放朋友的"鸽子"。然后，我们再继续收拾更多的烂摊子。我们努力地工作，更努力地工作，却无法保证自己的睡眠时间。

讽刺的是，即使一切顺利，我们也依旧疲惫不堪。公司状况良好，我们却要更努力地工作，因为谁知道好景能有多长呢？那些应该坚定抓住的增长机会，那些对爆炸性增长至关重要的创见性工作,那些我们**热爱**的事情,都被放在了一边,日复一日,直到那写满了我们奇思妙想的笔记本沉入了文件与待办事项的汪洋,再也找不回来了。

我们搞砸了,我们把一切都搞砸了。

不论是朝阳企业,还是夕阳企业,他们的口号都是"再努力一点"。每一个企业家,每一个老板,每一个一流员工,每一个挣扎着不想落后的人,他们的口号也都是"再努力一点"。我们希望能比所有人都工作得更久、更快、更努力,并对此抱有病态的自豪感。这已经在各行各业内形成了风气。我们跑的本应是一场马拉松,而现在我们却以冲刺的速度跑着 10 场马拉松。如果不改变现状,那么接受了这种生活状态的人总有一天会崩溃,可能还会"患上双侧肺炎"。

或许你能感同身受。如果你能,我希望你知道,你不是唯一身处这种境况的人。你不是唯一一个企业家——一个觉得自己必须更努力工作的企业家;一个筋疲力尽,不知道自己在这种工作强度下还能坚持多久的企业家。你也不是唯一一个老板——一个想不通为什么采取了一切改进措施,却依然提高不了收入,获取不到更多用户,留不下员工,甚至连一点宝贵的自由时间也无法拥有的老板。你不是唯一因陷入困境,迫切需要答案、需要休息,而打开这本书的读者。个人理财网站 20SomethingFinance 上有一篇文章称,美国是世界上工作超负荷情况最严重的发达国家[G. E. 米勒(G. E. Miller),2018 年 1 月 2 日]。讽刺的是,美国人如今的生产力是

前　言

1950年的4倍。然而，比起大多数国家的员工，美国员工的工作时间更长，休假时间更短；作为企业家和老板，我们的工作量甚至更大。休假？不存在的。

我之所以开始写这本书，是因为我问了自己一个关键问题：如果企业的部分（或者所有）工作不由我来完成，企业还能够实现我所预期的规模、盈利能力及影响力吗？我花了5年时间寻找答案，为了我自己，也为了我服务的老板和企业家，**更是为了你**。

如果你没有读过我的书，也没有听过我的演讲，那么我想让你知道，我一生的使命是**消除企业家的贫困**。我致力于不再让任何一个企业家生活在贫困中：没有钱，没有时间，没有生活。在《绝对利润》（$Profit\ First$）一书中，我力图打倒让许多企业家感到绝望的怪兽——缺钱；而在这本书里，我将帮助你打倒另一个更庞大的怪兽——缺时间。

你能在这本书里读到真实的、可实施的提高商业效率的策略。对于无数企业家和老板来说，包括我在内，这些策略都是有效的。

我们的目标不是在一天之内挤出更多时间——这是在用蛮力解决企业运营的问题。即使真的挤出了更多时间，你也会用更多工作把这些时间填满。我们的目标是提高组织效率。在这本书里，你将学习如何在心态上及日常运营上做出简单但有力的转变，使企业实现自主运转。工作超负荷的朋友呀，你将得到的是真实的、可持续的增长；是蓬勃向上的办公室文化，是专注于自己最擅长、最热爱的工作的自由。解脱自己，把时间用在自己最擅长且最热爱的工作上，这才是打造真正成功企业的唯一途径。

我们会把你从日常的苦差事中解救出来，会为你缓解在时间、身体、心灵以及银行账户上持续承受的压力。通过阅读本书，你可以轻松地应对企业事务，可以找回初创公司时的乐观心态，可以在不累得半死、牺牲自己幸福的前提下，扩大企业规模。

你需要停止大包大揽，精简企业流程，从而实现企业自主运转。我的意思是，把企业交给一个符合你的目标和价值观的高效团队去运营，让企业像上了油的机器一样运转，或者说，像发条一样运转。

这本书里的方法简单得近乎可笑。你不会读到怎么完成更多工作的窍门、花招或诡计。这本书只会告诉你，怎么完成最重要的工作，怎么规避不重要的工作，以及怎么拥有区分二者的智慧。这里我借用了宁静祷告词（Serenity Prayer）①中的一句话。对于你这种工作超负荷的战略官来说，一颗宁静的心似乎遥不可及。此时的你或许认为，自己的神智还正常就已经不错了。真见鬼。不过，只要遵循我在书中列出的7个步骤，你就一定能找回宁静的心态！

生命不在于活了多长时间，而在于创造了多大的影响力。临终时，我将问问自己，是否完成了生活的目标；作为独立个体是否有所成长；是否真的帮助到了其他人；以及是否曾深深地、积极地去爱家

---

① 雷茵霍尔德·尼布尔（Reinhold Niebuhr）所写的祷告词，原文为：神啊，请赐予我宁静的心，去接受我无法改变的事；赐予我勇气，去做我能改变的事；赐予我智慧，去分辨二者的不同。——译注

人和朋友。或许你会问同样的问题。

是时候加入精英汇聚的"发条俱乐部"了。说真的,表明你的态度,加入我们吧。我们可以先在 Clockwork.life[①] 上认识一下。或许用不了多久,我们就能在海滩上相聚。是时候找回自己热爱的事物了,不论在生活、工作还是企业中;是时候轻松愉快地实施策略了;是时候重塑生活的平衡了。这本书能够帮助你做到上述的每一点。

这是我对你真心实意的许诺。

---

① 为了让你方便快捷地获取本书的所有免费资源,我建立了一个网站,网址是 Clockwork.life。这本书的相关工具及资料都在这个网站上,包括一份《打造发条型企业的快速启动指南》。此外,如果想寻求实战经验丰富的专业个人顾问的帮助,我还有一个公司提供这种服务,网址是 Run Like Clockwork.com。注意到了吗,Clockwork.life 的后缀是".life"而不是".com",因为发条俱乐部是一种生活方式;而 Run Like Clockwork.com 的后缀是".com",因为这是我们公司的业务——为你的公司提供服务。——原注

目 录

前言

—1—

第一章
为什么你的企业(依旧)停滞不前

—1—

第二章
第一步:分析公司的时间

—25—

第三章
第二步:宣告公司的蜂后职能

—69—

第四章

第三步：保障并履行 QBR

—89—

第五章

第四步：录制工作方法

—125—

第六章

第五步：平衡团队

—149—

第七章

第六步：明确服务对象

—183—

第八章

第七步：监控企业

—205—

目 录

第九章
阻力（以及如何应对）
—243—

第十章
四周假期
—259—

结语
—282—

致谢
—286—

关键词汇表
—289—

作者的话
—294—

CLOCKWORK

第一章

为什么你的企业（依旧）停滞不前

和许多在花园州①土生土长的人一样,每年夏天,我和妻子会带上孩子和亲姐妹②一家相约在泽西海岸,度过欢乐的一周。我们的夏日之旅往往是这样:大家在海滩待上一整天。下午4点左右,大人们开始做游戏,每个人都拍着胸脯说要玩个通宵,但却会在晚上7点前迅速睡着。

可是,我很少能参加他们的欢乐时光,在海滩上也待不了多长时间。我一直在工作,总是在工作。即使不忙于项目和开会,我也会偷摸出几分钟的时间查看邮件。当我终于来到室外,和大家会合时,却总会因工作而分心。我的身体在度假,心却不在。这让我非常焦虑,也让我的家人烦透了

每一年,我都试着去打破这种"带着工作度假"的习惯,并制定

---

① 新泽西州的别称。——译注
② 未查证到是姐姐还是妹妹。如果译成"姐妹",感觉"朋友"的含义更重,姑且译作"亲姐妹"。——译注

了相同的计划:"这一次",我要提前完成所有工作,好好享受假期,全心全意地陪伴家人。我心想,度假时我不接触任何工作,或者只做一点点工作;度假回来后,我将轻松地恢复工作状态。然而,这个计划从来没有成功过。现实往往与计划相反。

上一次,当我试图证明自己可以严格执行度假计划时,却把假期彻底搞砸了。在出发前一天的下午,客户方面出了点问题。现在,我甚至已经不记得问题是什么了。但当时,我认为这非常重要,得熬夜工作,想解决办法。解决完客户的问题后,我又继续熬夜完成我本应完成的工作。

等我下班回家时,天都快亮了。睡了3个小时后,我出发前往长滩岛。(如果你不是新泽西州人,我想告诉你,真正的泽西海岸是长滩岛,而不是那个自称为"泽西海岸"的喝酒狂欢真人秀①。)去海滩前,我决定查一下邮箱,"确保一切顺利"。然而,一切并不顺利。那一天剩下的时间,我都在打电话、发邮件。第二天,虽然我人在海滩上,但心在工作上,而且身体极度渴望睡眠。再一次,我没能真正地陪伴家人,他们也没能愉快地度过假期。我的焦虑不安就像酒吧中的香烟烟雾般四处弥漫。一个人真的可以"熏臭"一个地方,破坏所有人的兴致。

我在假期中疯狂工作,这让我的妻子很懊恼。一天下午,她让我放下手机,去海滩上走走。我看着周围的海滨别墅,心想:"在这

---

① 泽西海岸(Jersey Shore)也是一档真人秀节目的名字。——译注

第一章
为什么你的企业（依旧）停滞不前

些豪宅中度假的人可真无忧无虑。"他们财务自由，度假时无需为工作烦恼；他们可以好好放松，而企业会照常运转，不停增长，不停赚钱。这就是我想要的。

然而当我定睛一看，却发现那些坐在阳台上的人都在疯狂地敲打键盘。我甚至还看到海滩上有些人把电脑摇摇晃晃地放在膝盖上，一边担心沙子掉进键盘，一边遮挡着屏幕，以免阳光反射看不清楚屏幕。那些我以为把工作和生活安排得井井有条的人，原来和我没什么两样。他们也会在度假时工作。见鬼了！

直到今天，我已经创立并卖了两家企业，一家以百万美元的价格被私募股权机构收购，另一家被世界 500 强企业收购；写了两本商业书；一年中的大部分时间都在为上千名企业家做演讲，告诉他们如何让公司实现快速而有机的增长。听起来，我已经梦想成真了，不是吗？你会认为，我已经永远地摘下了工作狂的帽子。然而，我又一次在假期中因工作而抓狂，这证明我还没有摘下这顶帽子，甚至可以说还早着呢。但有一点很明确：我绝对不是一个人。你也不是。

不能解决问题的解决方法

我曾以为，停止疯狂工作的最好方法是提高生产力。如果可以工作得更多、更快，我就可以腾出更多时间陪伴家人，锻炼身体，享受生活，以及回到我真正热爱的工作上——那些让我的灵魂感到充实的工作。

然而，我错了。

为了提高生产力，我尝试了一切方法：集中注意力App、番茄时间管理法、时间分块法；早上4点开始工作；凌晨4点结束工作；用黄色记事本列出待办事项、用手机列出待办事项；只列5项事项或列出所有事项。"不打破链条法"在我这里，很快就变成了"用链条把自己锁在办公桌前法"。不论使用什么技巧或方法，不论生产力提高了多少，我的上床时间依旧比应该上床的时间晚了许多，起床时间也比应该起床的时间早了不少。而且神奇的是，我的待办事项似乎会在一夜之间变多。我的工作速度或许变快了，但工作时间绝对没有变少，甚至变得更多了。我在许多小项目上或许有所进步，但还会有源源不断的新项目填满我的时间。我的时间依旧不由自己掌控。这些年来，我一直在学习如何提高生产力。然而到头来，除了更多的工作，我一无所获，失败得彻头彻尾。

我一口气说出的那些提高生产力的方法，就像没用的减肥计划一样。人们渴望做得更多、更快。围绕这一点，产生了一整个产业链：播客、文章、书籍；企业家学习班和企业教练；生产力挑战、日历、日记及软件。我们总会尝试别人推荐的提高生产力的方法，因为我们太渴望提高生产力了。我们渴望工作得更快，从而扩张公司；我们渴望在完成所有工作的同时还能保持理智。

有的生产力专家已经跳出了"时间管理技巧"的圈套。为这本

第一章
为什么你的企业(依旧)停滞不前

书搜索资料时,我结识了生产力大师克里斯·温菲尔德(Chris Winfield),他组织的静修会赫赫有名。在静修会上,他会教导20多名企业领袖及专业人士如何在更短的时间内完成更多的事情。我们第一次单独见面时,他刚结束了一场静修会。

我们约在纽约林肯中心附近的咖啡厅。我想向他请教,究竟如何才能提高生产力。我期待着终于能够揭开生产力之谜,让自己从压力缠身的生活中解脱出来。我提前了45分钟到达,我已等不及一探究竟了。克里斯出现得分秒不差——生产力专家的典型作风。

在"咖啡真不错"等必要的客套之后,克里斯直视着我说:"生产力就是一坨屎。"

"什么……?!"我差点没把口感平衡又美味的巴西圣伊内斯庄园咖啡吐了出来。在会面之前,我有45分钟的空余时间,足以假装成咖啡内行人士了(我更喜欢的头衔是"咖啡豆学家")。

"兄弟,这就是一坨屎。我指导人们提高生产力已经好几年了,可我的每一个学生,包括我自己在内的工作时间却越来越长。"

我说:"我不明白,这是为什么?"

"生产力提高后,所有工作就都归你了。生产力会让你做得更多、更快。关键词在于'你'。你能做得更多,你就会做得更多,你还会把所有工作都做完。虽然你说自己把工作外包出去了,但其实并没有,因为你不能把决策权也外包出去。你把任务分配给其他人,他们却会带着无数问题回来找你。当你试图不工作时,实际的工作量却变多了。"

克里斯继续说："迈克,我和你说,很多人都吃了生产力的苦头。我受够了因为生产力而累得半死不活的日子,我也受够了向人们鼓吹生产力。我要离开这个行业,这样我才能工作得更少,赚得更多,好好生活。"

"大写"的震惊。

我发现,原来提高生产力并不能让我们从工作中脱身,只会让我们工作得更多。我对发条型企业的探索,竟一开始就走错了方向!

重温帕金森定律

我们都认识生产力超高、一天工作16个小时的人,也肯定都认识"工作越多,状态越好"的人。或许你就是这样的人。曾几何时,我也是这样的人。

我花了大约15年才想明白这件事情。其实,我曾佩戴过生产力大师的荣誉高帽,也就是那顶工作狂的帽子。我曾是工作狂俱乐部的一员,并为此感到自豪。我也曾是世界上工作速度最快的"任务终结者"(真有这个名头)。

在《绝对利润》中,我把帕金森定律——"为了对标某种资源的供应量,人们会不断增多对这种资源的消耗量"——应用在利润方面。我们把多少时间分配给这个项目,就会花多少时间完成这个项

第一章
为什么你的企业(依旧)停滞不前

目;同样地,口袋里有多少钱,我们就会花多少钱。这就是为什么,大部分企业家很少能挣得和员工一样多,更别提盈利了。可以花的钱越多,就会花越多的钱;拥有的时间越多,就会把越多的时间用于工作。

怎么解决这个问题?答案简单得令人发笑:限制资源,以及限制对资源的使用。比如,企业收入入账后,首先分出利润,把这部分钱"藏"起来(存在外地的银行账户里)。你能花的钱变少了,你花的钱也就变少了。当你没有办法轻易地取用企业中的所有现金时,就不得不另寻他法,以更少的钱维持企业运转。

而我们现在谈论的是时间,帕金森定律更适用了。不论你给自己安排了多少工作时间,你都会把它们用完。夜晚、周末、假期——只要觉得有必要,你就会把休息时间统统用在工作上。这就是提高生产力不能解决问题的根本原因。提高生产力的目标是以尽可能快的速度完成尽可能多的工作。而问题在于,你已经把无穷无尽的时间都优先用于经营企业了,你总会找到新的任务来填补时间。生产力越高,就会承担越多的工作;承担的工作越多,就必须具备更高的生产力。明白了吗,生产力就是一个陷阱。

或许你和我以及我遇到的大部分企业家都一样,会把节省下来的时间用于完成更多的工作——就像克里斯说的那样。而且,这些工作并不能让你的灵魂感到充实,也不会为企业带去真正的改变。你处理的只是一件又一件紧急工作。你收拾完这个烂摊子,又会开始下一项任务,也就是下一个烂摊子,直到更紧急的工作打断了你手头的任务。你不断地拼命工作,并感觉似乎生产力越高,工作量就越大。

和克里斯·温菲尔德交流后,我才恍然大悟:是的,生产力很重要。我们都应该充分利用自己的时间,效率低下就是对"商业之神"的玷污。(再说了,一整天躺在沙发上,吃着奇多玉米棒,看着贩卖"美腿神器"的电视购物节目——谁也不能一边过着这种生活,一边让企业有所发展。)但是我终于明白,我真正渴求的东西是组织效率。生产力会带你进入棒球场,而组织效率会帮助你打出本垒打。

组织效率就是企业中的所有齿轮和谐地咬合在一起。组织效率是一种极致的手段,提高组织效率意味着通过规划实现公司资源协同工作,最大化产出;意味着把团队中最有天赋的员工(即使团队只有一个人)分配到最重要的工作上;意味着统筹资源,完成最重要的工作,而不是总着急忙慌地去做最紧急的工作;意味着不是更努力地工作,而是更聪明地工作。

有太多人在当了 20 多年老板后,才意识到自己挺过的这几十年竟都是在鬼门关外徘徊。但是,做老板不一定要这么辛苦。你不是一个人,世界上有千千万万和你一样的人。我也曾是其中的一员,我会帮助你的。说实话在这方面,我依然在不断进步,即使在写这本书时也是一样的。我依旧需要提醒自己更聪明地工作,而不是更努力地工作。不论你因为什么样的选择走到了今天,都没有关系。至少,你已经走到这里了,你已经进入了棒球场。现在,放下手

第一章
为什么你的企业(依旧)停滞不前

中的法兰克福香肠和德国酸菜踏上球场吧,运动高手。你即将打出一生中最精彩的企业家本垒打。此刻,你可以拍张自拍,手指群星,因为你和你的企业即将腾飞。不着急,摆个好看的姿势,我等着你。

所以,解决方法是什么呢?不需要改变自己了(反正我们自己也改变不了多少),而是改变我们身边的制度,即建立制度,让制度引导我们的自然本能,达成想要的结果。

真正地限制工作时间,以有利于自身的方式使用帕金森定律,这是发条原则的一部分。但仅仅做到这一点,还不能让我们从仓鼠转轮上脱身。虽然给自己安排的工作时间少了,但我们也要明白,怎么用余下的时间。我们需要的不是以更少的时间完成更多的工作,而是以更少的时间完成更少的工作但达成更多的目标。你需要在自己有限的时间里完成对的任务,并让其他人在他们有限的时间里完成对的任务。

换句话说,摆脱企业停滞不前的现状,打造发条型企业的重点在于有选择的效率,而不是大批量的生产力。

谨慎行事

弗兰克·米努托洛（Frank Minutolo）①是我的首位企业教练，他见证了我三家企业的创立以及其中两家企业的收购。弗兰克曾将日本柯尼卡公司（Konica）引进美国，并将其从起步发展至价值一亿美元。功成身退后，弗兰克继续着他一生的使命——指导他亲自挑选的一群年轻（还算年轻）企业家。这群幸运的企业家有30多人，他们称弗兰克为顾问，我也是其中的一员。

弗兰克给予了我们简洁、睿智的建议，我对他永远心怀感激。我的《现在开始，只服务最佳客户》（*The Pumpkin Plan*）一书就是基于他教授的实现快速有机增长的简单策略。我和他的故事还要从我们第一次见面说起。那一次，他花了4个小时评估组内成员的企业的方方面面。紧接着，我们进行了一对一的交流。

弗兰克长得有点像里吉斯·菲尔宾（Regis Philbin）②，声音有点像教父。"迈克，"他告诉我，"要想让企业实现增长，你还得更聪明一点。付出了那么多努力，忍受了那么多压力，最后却一无所获，你也不想这样吧。等你退休以后，每天坐在生锈的草坪躺椅上，裤

---

① 虽然弗兰克早已退休，但我依然会时不时地和他碰面。这位老兄总忍不住要和我共进午餐，我也总忍不住要向他学习。——原注
② 美国主持人。——译注

第一章
为什么你的企业（依旧）停滞不前

兜里露着个坚果。到那个时候，你会后悔累死累活地工作了一辈子。"坚果？什么意思？这是我听过最奇怪的话了。不过，脑海里一旦出现了这个画面，就再也抹不掉了。

弗兰克生动地为他的客户描绘了一幅颓败的场景，还堂而皇之地聊起了下半生。事实证明，这样的销售策略惊人地有效，我当天就雇用了弗兰克。后来，他帮助我实现了快速增长，并卖出了两家公司，确保我的未来不会变成他所描述的那般可怕。然而，在共事了10年后，我才终于明白他话中的深意——恐惧是改变的高效催化剂。

一天下午，我在福德洛克汉堡店请弗兰克吃午餐。我终于开口问他，为什么要在第一次见面时给我讲了一个这么怪异的故事。弗兰克发出了老年人的咯咯笑声，笑着笑着还差点呛着。

"那个故事是为了让你认识到，"弗兰克解释，"你的阻碍就是你自己，问题在于惯性的诱惑力。企业家也不过是普通人，会对熟悉的事物感到舒适。企业家——包括你，迈克——都像牲口一样工作。虽然你说你'憎恶它'，或者'再也不这么做了'，但事实是你对它是熟悉的。当你熟悉了某样事物，尽管它再令人厌恶，但接着做下去就是最简单的。只做熟悉的事情，这会让你沦落到坐在生锈的草坪躺椅上，裤兜里还露着个坚果。"

"人们会害怕大步迈向充满希望的新生活。而我的目标是，让你更害怕只做安全和熟悉的事情。我想让你对自己所在的跑道感到恐惧。当你对原本熟悉的方向产生恐惧后，我就利用你的恐惧，推动你前往本应前往但并不熟悉的新地方。"

被苦差事淹没非常痛苦,但即便如此,"应该做得更多、更努力"这个信念,却成为我们熟悉的事物。尽管已经筋疲力尽,但我们处在舒适圈里。因此,面对同样的问题时,我们往往会采用同样的解决方案。长时间地工作,这不需要我们踏出舒适圈,学习新知识,也不需要我们放弃由自尊心驱使的微观管理①方式。

艰苦的生活早已成为企业家的舒适圈,他们不断地做着能让自己保持这种状态的事情。如果想尽可能地提高企业效率,就必须停下你正在做的事情,也就是自己阻碍自己。到目前为止,你会做的可能就是亲自完成工作,或者插手他人的工作。这一切对你来说很舒服,但是请不要再这么做了。

生存陷阱

如果你读过我以前的书,那么或许对生存陷阱并不陌生。这么多年来,我已经聊过许多次生存陷阱了。现在,我依然要回到这个话题上。很不幸,大多数企业家最后都会掉进生存陷阱,很少有人能够从中逃离。

企业中发生的所有事情——不论是问题还是机会——你都需

---

① 密切地观察并操控员工,事无巨细。——译注

第一章
为什么你的企业(依旧)停滞不前

要处理,然后才能去做其他事情。这种永无止境的循环,就是我所说的生存陷阱。为什么这是一个陷阱呢?因为,在处理了最紧急的工作(而不是最重要的工作)之后,我们会获得解决问题的满足感。不论拯救的是银行账单、订单、竞标,还是这该死的一天,我们都会因为解决了危机而肾上腺素飙升,以为自己在推动企业的发展。但是实际上,我们被困在了止步不前的循环之中。我们忙来忙去,一会儿解决这个问题,一会儿拯救那个危机。我们的企业会因此左摇右摆,一时被抛向后方,一时又被胡乱地推向前方。企业成了一张由错误指令织成的网,随着时间的推移,会变得一团糟。原因在于,我们所做的仅仅是试图生存。

生存陷阱是完全不顾明天如何,只想撑过今天;生存陷阱是只做熟悉的事情,正如弗兰克所警示的。撑过了一天后,我们会感觉良好。然而在未来的某一刻,我们会突然意识到,年复一年的工作并未让我们前进一分一毫。仅仅试图存活下来,这就是一个陷阱,它会在漫长的时光中,逐渐消磨我们的企业和我们的意志力。

可悲的是你会发现,生存陷阱会让你过上非常糟糕的生活,高潮很短暂,低谷却深不见底,你还会不择手段地去赚钱。老实说,这可不是令人向往的企业家的生活。我也曾是其中的一员。以前的我愿意以任何价格为任何人工作,并沉迷于此。我为自己的企业"拉皮条",只为了让它能够多生存一天。后来,我又创立了好几家企业,但却没有停止这种行为,后果是灾难性的。

10年前,我"金盆洗手,改过自新"。首先,我把利润放在第一位,正如我在《绝对利润》中分享的那样。然后,我把工作重心放在头部客户上,让企业实现了快速有机的增长。如今,我的企业实现了自主运转,而我也到达了"让生活重新属于自己"的最后阶段。你也即将做到同样的事情。

在《绝对利润》中,有一小段话是这本书的主旨:"可持续的盈利能力取决于效率。在危机中,我们是无法做到高效的,只会不假思索地将不择手段的赚钱方式合理化,包括逃税、'出卖灵魂'。在危机中,生存陷阱成为我们惯用的伎俩,直到这种生存策略引发了一场新的、破坏性更强的危机,把我们吓得痛改前非;更常见的是,让我们直接宣布倒闭。"

我在前言中提到的幼儿园老板西莱斯特,她是否就被困在了生存陷阱中呢?大概率是的。她经历的是极端版本的陷阱。而你所处的陷阱或许是比较舒适的,因为可能一切都还在你的掌控之中,也或许因为你以此为傲。但不论是哪种情况,你都处于陷阱之中。

生存陷阱让你无法迈向憧憬的未来,也无法达成短期或长期的目标。在某种程度上,我们对此心知肚明。我们会为在七年前制定、如今却仍未执行的五年计划感到内疚。看着其他企业推出顺应潮流的业务和产品,我们会疑惑他们怎么有时间预测并响应行业的变化呢?(他们肯定有超能力,不是吗?)我们知道自己没有充分利用科技和企业文化方面的创新,已经落于人后了;我们也很清楚,如果想让企业更上一个台阶,就必须找回那些创见性的根基,即初创企业时的想法、计划和初心。

第一章
为什么你的企业(依旧)停滞不前

虽然让企业活下去的这个想法会不断地把你拉回生存陷阱,但是我会向你展示如何永远地从生存陷阱中逃离。我会告诉你如何规划企业,让它实现自主运转,让你能够随时随地去做想做的事情,且只做想做的事情。那么接下来就让我们看一看如何才能逃离生存陷阱吧!

打造发条型企业的七个步骤

打造发条型企业有哪些步骤?接下来的七章会告诉你答案。每一个步骤所需的时间长短不一,而且有的时候你可能需要重复某些步骤,并做出改进。整个过程短则两天,长则两个月。但只要遵循这些步骤,你就可以达成目标。

一家企业若想壮大并满足客户需求,就必须把工作做好,这是企业的"执行"(Doing)部分;企业必须协调人力和制度,让两者相辅相成,共同推进业务,这是企业的"规划"(Design)部分;而在团队成员合作共事时,他们之间的沟通内容包含了"决策"(Decisions),以及对必须完成的工作所进行的"赋权"(Delegating)。将企业时间分配于执行、规划、决策和赋权这四者之上的比例,便是你的4D模型。合适的时间比例是帮助企业实现自主运转的关键。

大部分小微企业在执行部分耗费了过多时间,想象一下这幅画面:个体企业家像无头苍蝇似的忙忙碌碌,包揽了所有工作;小公司的全体员工(包括老板)疯狂加班,却没有时间做计划。打造发条型企业的目的就在于,让你有更多的时间规划企业,使之自主运转;与此同时,执行的部分就交给其他成员或资源去完成。为了达成这个目的,我们将从你自身入手,明确你在执行部分花费了多少时间。为此,我们需要分析你及你的公司的 4D 模型。

与生活中的所有问题和机遇一样,如果想改善现状,我们就必须知道底线在哪里。知道了这一点后,我们将以谨慎周全、直截了当的方法,助力你的公司(和你)达成目标。最佳的 4D 模型如下:企业时间中的 80% 用于执行,2% 用于为他人做决策,8% 用于赋权,10% 用于规划效率更高、结果更佳、成本更低的运转模式。不论你有一个还是 1000 个员工,又或是介于两者之间,最佳的 4D 模型永远如此。

下面是让企业实现自主运转的七个步骤:

1. 分析 4D 模型——为企业当前在执行、决策、赋权及规划上的时间分配比例设定标准线。发条型企业能够在完成工作、统筹资源及不断进步之间,取得平衡。在打造自主运转的发条型企业的第一步中,我们将做一个简单的时间分析,从而了解以上四项工作所占的时间比例。获得分析结果后,你就能参照着最佳 4D 模型,调整公司的时间分配。

2. 宣告公司的蜂后职能——找出企业的核心职能,换句话说,就是找出能够决定公司成败的关键因素。每一家公司都存在着一个关乎公司生死的职能。在这个职能的相关部门中,你

第一章
为什么你的企业(依旧)停滞不前

及/或你的员工凭借着顶尖才能为公司打造出与众不同的产品。公司的成与败就取决于这个职能。我把这样的职能称作蜂后职能(Queen Bee Role,简称 QBR)。当这个职能火力全开时,企业能够茁壮成长;当它减速或停滞时,企业便要遭殃了。每一家企业都有一个 QBR。你必须找出自己的 QBR,并公之于众。当你的 QBR 表现有所进步,企业的整体表现也会有所改善。QBR 是企业蓬勃发展的关键因素,因此你必须决定,哪个职能是你的 QBR。

3. 保障并履行 QBR——QBR 是公司成败的决定性因素。赋权团队,让他们能够为 QBR 提供保障,并履行 QBR。 由于 QBR 对于公司来说至关重要,每一位员工不论是否履行 QBR,都应该知道 QBR 是哪一个职能,以及如何保障它、履行它。在高效率的企业中,QBR 永远享有优先权。而且,高效企业的制度会确保履行 QBR 的人力及资源不会被抽调。只有在 QBR 运转顺畅时,企业中的所有成员才能进行他们最重要的本职工作,也就是他们的主要职责。

4. 录制工作方法——将现有的工作方法记录或录制下来,让团队以你希望的方式完成工作。 你或许认为自己没有工作方法,但其实你有。实际上,每一家企业在每一个阶段都有着它所需要的所有方法。我们仅需对这些方法进行记录、丢弃、移交和/或修改删减。每一个企业家和员工都具备处理各种任务的方法,但这些方法通常未被记录,也因此无法传递。所以你需要通过简单的方式来评估并录制工作方法,轻松地把信息传递给团队成员或自由兼职人员。注意不要采取说明手册的形式记录方法,不论是制作手册还是阅读手册,两者均效率低下,不适用于发条型企业。

5. 平衡团队——调配职能,统筹资源,使公司的产能效率和产品品质最优化。企业如同生物体,会生长,会收缩,会变化。为了使企业达到最优的运转状态,你必须将员工的天赋与最需要这些天赋的工作相匹配。最佳的公司组织形式不是传统的自上而下,而是更像一张网。永远不要把员工限制在一种职能内。有效率的组织能够挖掘员工本身的强项,并把最能从这些强项中受益的任务分配给他们。

6. 下定决心——让企业致力于以特定的方式服务特定的客户需求。多变是企业效率低下的罪魁祸首。企业提供的服务越多,服务的客户范围越广,企业就越多变,想要提供卓越且始终如一的服务也就越难。在这一步里,你需要辨别哪一类客户是最佳服务对象,确定出最少数量的产品或服务,并以最高质量呈现。

7. 成为发条型企业——让企业不再依赖你,你也不再依赖企业。即使你不再积极参与企业事务,发条型企业也能交付质量如一的产出,包括实现增长目标。随着你用于企业事务的时间越来越少,企业自然会变得没有你也能自主运转。在这一步里,你将学习如何打造企业"看板"。借助这个看板,即使你不在

第一章
为什么你的企业(依旧)停滞不前

公司,也能掌控全局。

以上就是打造发条型企业的七个步骤,请按顺序执行。通过接下来的章节,你将进一步了解并实施这七个步骤。在这个过程中,你或许会感到沮丧,备受打击,试图放弃,但是千万不要崩溃。我教授的新知识会让你感到不自在,但这些感觉恰好表明你正在逐步适应。再说一次,不要崩溃,更不要半途而废。完成这些步骤,你将收获一家自主运转的企业,就像发条一样。

表1 打造发条型企业的七个阶段

阶段	核心概念	关键动作
1	4D模型: 四种工作分别为执行、决策、赋权和规划	完成时间分析,对工作进行分类
2	QBR: 你所挑选的、决定企业成功与否的核心部门	宣告公司的QBR,明确QBR的履行者
3	保障并履行QBR: 企业核心职能的优先级永远最高	让团队了解QBR;赋权团队,让他们保障及/或履行QBR
4	记录工作方法: 你已经具备了企业需要的一切工作方法	对工作方法进行记录、丢弃、移交和/或修改删减,为规划工作、QBR及主要职责腾出时间
5	平衡团队: 最佳的组织结构是网状的	将团队成员的最强特质与最需要这些特质的岗位相匹配

续表

阶段	核心概念	关键动作
6	下定决心：把企业的强项放在首要位置，找出最能从中受益的目标客户	找到最终从你的独特产品中受益的客户，锁定他们，并满足他们的需求
7	自主运转的企业：执行是让你为企业工作，而规划是让企业为你工作	休四周的假

时间就是一切。时间是宇宙中唯一不可再生的东西（除非有人发明了时光机）。使用时间的方式只有明智与不明智两种。不论你怎么使用时间，它都会在滴答声中流逝。我怀疑就现在，你已经紧张地瞟了好几眼时间了。时间分秒不停，而你希望可以更快地看完这本书（以及完成自己的工作）。我说对了吗？多少说对了一些吧？如果你就是这么想的，那么你得明白这不是你的错，这就是帕金森定律。甚至可以说你的处境其实还不错；或者说，你的处境还有救。你的企业应该有客户，而你也正在满足这些需求（虽然效率不高）。接下来，我们要做几个简单的小调整，让你的企业像上了油的机器一样顺滑运转。在这个过程中，我们还会把宝贵的时间还给你，让你感到时间流逝得更舒缓。

我想明确一下，这本书不是让你在自己所拥有的时间里完成更多的工作，而是让你的企业在它所拥有的时间里完成更多的工作，以及让你自由地把时间用于其他事情。这本书能让你在重新找回

第一章
为什么你的企业(依旧)停滞不前

生活的同时,发展壮大梦想中的企业。这真的会发生,而且一直在发生,只不过以前发生在别人的企业中。我们的工作就是让这件事情发生在你的企业里。但是,如果想成功,就必须和我一起全情投入。准备好了吗?好的,开始工作吧。

划掉重写——开始做**更少的**工作吧。

发条原则的实际运用

你的工作重心在于规划公司的工作流程,好让其他人把工作完成。坚定地把公司的产出放在第一位,把自己的生产力放在第二位。怎么做到这一点呢?很简单……提出更好的问题,就能得到更好的答案。不要再问"我怎么才能完成更多工作",而应该问"哪些是需要完成的最重要的工作"以及"谁能完成这些工作"。

在接下来的每一章章末,我都会附上实践步骤。这些步骤无需太长时间就能完成(通常少于 30 分钟),但会带来巨大改变。在第一章里,我只和你分享一个步骤,但这或许是最重要的一个步骤。这一步会促使你对自己的角色——在推动企业前进时你所担任的角色——立刻改观。怎么做?我想让你许下承诺……对我许下承诺。

给我发一封邮件,我的邮箱是 Mike@OperationVacation.me。请以"我的发条承诺"(My Clockwork Commitment)作为邮件标题,

方便我在众多邮件中找到它。在邮件正文,请写下类似这么一段话:

"我承诺,从今天开始,我将规划我的企业,让它实现独立运转。"可以附上你认为相关的任何信息,比如你为什么受不了原来的运营企业的方式了;或者这对你和你的家人来说意味着什么。

为什么要给我发邮件?因为你或许和我一样,对某人许下承诺后,坚持到底的概率就会大幅提升。我会亲自回复所有读者的邮件(虽然有的时候超级慢)。期待收到你的邮件。

对了,把我那独特的邮件域名记下来——OperationVacation.me。这个域名是我起的。我知道,你现在还不能理解这是什么意思,但用不了多久——其实是马上,你就会明白 Operation Vacation(休假行动)是什么意思了。

CLOCKWORK

第二章

第一步：分析公司的时间

格莱斯夫妇——斯科特和埃莉斯（Scott and Elise Grice），他们第一次到访我在新泽西的办公室时，我们就洗衣服的话题整整谈论了20分钟。是的，你没有看错，就是洗衣服。更具体地说，是他们怎么能在1小时10分钟内清洗两个人三个星期的脏衣服，还同时完成了其他杂务。我从来没有深入思考过怎么洗衣服。然而，当斯科特和埃莉斯向我讲解他们是怎么精简洗衣流程时，我却完全沉浸其中。实话实说，他们简直是方法大师。

随着谈话的深入，我认识到，为什么企业制度对于斯科特和埃莉斯来说如此重要。这对夫妻是"嘿，甜豆"公司（Hey, Sweet Pea）的创始人。该公司创立于得克萨斯州的奥斯汀，主业为品牌营销。他们已为超过1400位创意型企业家（比如摄影师、作家、造型师、平面设计师）打造品牌，并提供相关培训。公司创立两年后，他们已经可以同时对接30~40位客户，为他们量身定制品牌策略；而同行业的公司一次只能对接4~5个客户。你大概知道斯科特和埃莉斯有多成功了吧。这对夫妻在工作上无往不利，直到他们的生活出现了问题。

2013年,埃莉斯感染了西尼罗病毒,需要住院治疗。她的病情很快恶化为细菌性脑膜炎。在接下来的两个月里,埃莉斯在医院住了六个星期,其余时间要不就是躺在家里动弹不得,要不就是在被救护车送往医院的路上。有病在身的埃莉斯只要看一眼屏幕,包括手机、平板及电脑,脑袋就会刺痛。她疲惫不堪,甚至连用键盘打字也困难,完全无法工作。埃莉斯不得不放下一切事务,这也意味着,她和斯科特必须停止公司的运营。当"教练"埃莉斯无法工作时,公司团队也打不了任何"比赛"了。

"公司里的具体事务由九个员工完成。但埃莉斯是创意总监,只要她不点头,所有工作就交付不了给客户。"斯科特解释道,"而埃莉斯看不了屏幕,无法批复工作,一切都停滞了。业务暂停了,我们也收不到客户的钱。"

埃莉斯感染病毒的两个月后,夫妻俩坐在医院的病床上,看着堆成小山的医疗账单,想着埃莉斯要是永远无法康复,他们该如何是好。"我们两个都哭了。我对埃莉斯说:'如果你不能痊愈,这家公司我们就做不下去了。你是唯一有能力完成这些工作的人。除了你之外,没人能做到,包括我。'我们开始用存款支付员工的薪水。我为妻子感到担忧,也为公司感到担忧。我当时毫无头绪,不知道该怎么办。"

这对夫妻的企业完全依赖于埃莉斯。埃莉斯只缺席了两个月,曾经无比风光的公司就陷入了极为窘迫的境地。仅仅两个月而已。

第二章

第一步：分析公司的时间

这就是我们企业家最惧怕的事情——如果我们离开了公司，如果我们不再工作，就算只有几天的时间，企业就会遭遇困难，甚至死亡。我曾经用这种恐惧心理，来合理化工作、工作、工作、再工作的状态。我怀疑你也曾经这么做过。（小秘密：工作是永远做不完的。）

我会在后文继续讲述格莱斯夫妇的故事，为你揭晓他们的企业是否能起死回生。如果你也害怕在自己休假时（或者被迫休假时），企业会遭遇不好的事情，那么这就是一个非常明显的信号——就像闪烁的霓虹灯牌那样明显：你必须把企业规划成自主运转的模式。如果企业具备健全的制度，那么不论你在或不在，这些制度都能维持企业的运转，而你在休假时就无需担惊受怕。我想你能明白这一点，毕竟你正在阅读这本书。但你或许还没有意识到的是，让企业实现自主运转，需要从你作为企业家的自身，以及你是如何定位自己在公司中扮演的角色开始。首先，我们必须把你从"执行者"转变为"规划者"。

就像前一章中提到的，生产力是一个陷阱，毕竟工作仍由你来完成。只要能让企业存活的工作，我们就都会去做，大部分人已经习惯了这种状态。而这种状态的关键词是"执行"。企业创立初期，我们别无选择。我们对新创立的公司寄予厚望，因此承担起所有职能。在企业家之间，还流传着一句无聊的玩笑话：我是CEO，也是（首席洗瓶官，chief bottle washer），更是介于两者之间的所有角色。我相信你肯定听过这句话。你懂的，什么首席执行官、首席洗瓶官，以及介于两者之间的所有角色。挺有意思，但这可不是打造高效企业的好方法。

企业家是天生的DIY（自己动手制作）爱好者，美国家居与园艺电视台（HGTV）里的那些人可比不过我们。我们应该办一个属于企业家的电视频道！在企业创立初期，我们什么都做，这是因为我们必须这么做。在当时，我们还请不起员工，而且也有着足够时间去完成所有工作。通常来说，大部分工作都是我们不擅长的（虽然我们坚信自己擅长），但我们完成得还不错。在公司起步时，我们不得不承担起各种职能，这理所应当。然而，这种状态是不健康的、不持久的。随后，我们终于聘请了第一位员工。虽然财务压力①变大了，但我们多少会因此长舒一口气。毕竟，大包大揽的疯狂状态是无法持续的。然而，全力冲刺的工作节奏其实没有完全消失。即使雇用了帮手——不论是正式员工还是外包公司，我们依旧会"执行"大量工作——划掉——更多的工作。因为，我们之于企业，正如埃莉斯之于她的品牌团队，都是其中的关键人物。

规划企业流程，让企业实现自主运转，是可行的。实际上，可行性还非常高。为了达成这个目的，你必须从执行中脱身，把越来越多的时间用于规划企业流程。

---

① 雇用员工总会让小型企业的老板陷入左右为难的财务困境。雇用了员工，就必须减少自己本就不多的报酬。于是，我们会延迟招聘，想着等我们负担得起员工的薪水的时候再招聘。然而，这一天永远也不会到来，并因此陷入进退维谷的状态：更努力地工作，我们办不到；招一个人，我们又请不起。不过，解决方法总是有的，我在《绝对利润》中曾提及。我还制作了一个视频告诉你如何解决这种问题，有需要的读者可以前往Clockwork.life观看。——原注

第二章
第一步：分析公司的时间

发条原则的四个 D

作为企业家，你的工作涉及四个部分，也就是四个 D——执行、决策、赋权及规划。在企业的发展过程中（在创立之前，你就已经花了一些时间做规划了）都会涉及这四个部分，只是投入的精力有所不同，而且这 4 个 D 将始终贯穿你的企业。而我们的目标是，让作为企业老板的你把更少的时间用于执行，把更多的时间用于规划。

从执行者变成规划者，这不是一夜之间就能做到的事情。这不是一个开关，而更像一个油门，你会朝着这个目标慢慢积累。随着时间推移，你会变得越来越像一个规划者，但这条赛道没有终点。

1. 执行：在这个阶段，你会亲自完成所有的事情。你很了解自己的工作，完成得也很好（足够好）。如果你是一个个体企业家，那么你只能亲自完成全部工作。几乎每一家创业公司都是这么起步的，而这个阶段也是大部分公司永远无法摆脱的困境。美国有 2800 万家小微企业，其中超过 2200 万家连一个雇员也没有。① 也就是说，这些小微企业的所有工作都由老板一个人完成。

2. 决策：在这个阶段，你会把工作任务分配给其他人。然

---

① www.forbes.com/sites/jasonnazar/2013/09/09/16-surprising-statistics-about-small-businesses/——原注

而，不论是全职员工、兼职员工、自由职业者，还是外包商，他们不过是完成任务的工具人。他们只会努力地完成你交给他们的任务，然后带着各种问题来找你，寻求批复，让你解决问题，或是帮他们想出更多点子。只要手头上的任务出现了任何意外状况，他们就会来找你，让你做出决策。完成了一项任务后，他们要么无所事事地待着，要么问你："我现在该做些什么？"

许多企业家把决策和赋权弄混了。如果你把工作分配给其他人，但仍需回答他们的问题，才能完成工作，那么你就不是在赋权，而是在决策。拥有两三个员工的企业老板通常会把大量时间花在决策阶段。工作的确是由员工完成的，但是你替他们做了所有决策。在这种情况下，企业的团队规模永远无法超过2～3人。你的工作变成了回答员工源源不断、令人分心的问题。总有一天，这种状况会变得无比糟糕，你会沮丧地双手一摊，决定"回到老样子"，亲自完成所有工作。你解雇了所有帮手，开始独自工作，因为干活儿总是比为所有人做决定来得简单。然而用不了多久，你就会受不了庞大的工作量，只能再次聘请帮手，并又一次回到了令人沮丧的决策阶段。为了企业生存，你在"亲自完成工作"与"为几个员工做决策"之间反复摇摆，周而复始。

3. 赋权：在这个阶段，你不但能把任务分配给员工，还能为他们赋权，让他们可以决定如何执行任务。员工全权为任务负责，他们能依靠的只有他们自己。当你把越来越多时间花在赋

第二章
第一步：分析公司的时间

权上，你就能逐渐地从繁重的工作中脱身。但是有一个前提，那就是要用正确的方法进行赋权。在起步阶段，当员工对工作表现出了"主人翁意识"时（而不是取得了结果时），必须奖励他们。你的目标是，把决策的责任从自己肩上转移给员工。如果他们因为做了错误的决策而受到惩罚，那么他们会在需要决策时找你。过去，你也曾做过错误的决定，并因此而成长；同样地，员工也会做出错误的决定，这是他们成长的必经之路，所以当员工做了错误的决策时，请不要惩罚他们。对于企业家来说，赋权阶段是极其困难的，因为企业家们自认为可以完美地完成所有工作。当员工无法做到这一点时，企业家就会万分沮丧。如果想让企业自主运转，就必须克服这种"完美心态"。

4. 规划：在这个阶段，你的工作是为公司制定不断演进的愿景，并梳理规划企业流程，以支撑这个愿景。此时，企业已经可以自主运转日常经营活动；你甚至可以休四周的假，企业也不会出现任何差池（记住这句话）。进入这种状态后，你不但能从日常的苦差事中解脱出来，还能体验到工作中最愉悦的部分。你的工作层次提高了：你将借助数据管理企业，而当进展不如预期时，你将调整企业流程。在这个阶段，你再也不需要执行，只需要监督（程度由你决定）。同时，你可以只做自己想做的工作。我的兄弟姐妹们，这就是美好的生活呀。

执行让你寸步难行

我知道你在想什么。是的,这有点诡异。但是你和我志同道合,我猜你现在正想:"我没有办法停下工作。我是公司里唯一真正知道怎么做 X、Y 和 Z 的人。我的员工都很棒,但他们只能做好自己分内的事,而没有人能胜任我的工作。我就是这么坚定,我就是这么厉害。只有我能做得了我的工作。公司陷入困境时,只有我能拯救它!只有我!"

我说的对吗?知道你在想什么并不难,因为我和你没什么很大的差别。我花了好几年的时间才不再相信这种自己对自己的洗脑。然而老实说,我仍旧会有"不如亲自上吧"的冲动。在我 20 多年的企业家生涯中,"完成一切工作"曾是我对自己的期望。我曾是一个"认真严肃"的企业家。为了扩张企业,我曾"不惜付出一切"。我曾经获得过成功,于是我认为自己那"孜孜不倦"的工作理念是成功的主要原因。即使手下有将近 30 名员工,我也依旧会熬夜完成大部分工作,并监督着其余工作的进度。因为"没有人能胜任我的工作"。我曾希望员工可以"挺身而出","表现出主人翁意识",然而他们没有这么做。他们只是没完没了地用问题来骚扰我。注意到这一段里的双引号了吗?就像我前面说的,我的大部分认知只是自我洗脑,实际上全是胡说八道。

第二章
第一步：分析公司的时间

再说一次，作为企业领导者，你应该把时间用于规划工作，而不是执行工作。那么"规划工作"是什么意思呢？让我们用橄榄球来做个类比（霍奇鸟队①冲呀！），看一看球队老板、教练及球员之间的故事。球员被赋权在赛场上的分秒之间做出决策；教练负责制定比赛计划、指挥比赛；球队老板则是规划球队的那个人，他会制定特权会员队②的愿景，挑选教练来训练球员，然后看着球员把比赛计划付诸实践。对于外行人来说这有点不好理解，那个有钱的老男人似乎只会坐在玻璃套房里啃着维也纳小香肠。但其实，有许多事情是你看不见的。球队老板往往需要优化特权会员队的方方面面，包括赞助商、门票销售、线上销售、市场营销、预算等等。

作为规划者，你得往前多想几步。你需要具备战略性眼光，权衡机遇与风险。你走的每一步都是正确的吗？当然不是。但是，你要评判自己的行动所带来的后果，并对接下来的行动做出相应调整。要想成为公司的规划者，你必须走出赛场，坐到套房里去。不过，还是别吃维也纳小香肠了，这些东西不会给你带来任何好处。

每一个企业家都是从执行者做起的，因为执行是我们擅长的工作。当你被困在这个阶段时，问题就出现了，一切的执行只会让你

---

① 弗吉尼亚理工大学橄榄球队别称。——译注
② 美国国家橄榄球联盟为了使加盟的球队能长期存在，有稳定的支持者和市场，规定每一支球队只有特定地区的特许经营权（franchise），因此橄榄球队又被称为特权会员队。——译注

离更大的梦想越来越远,无法做出一番事业。其实,你对规划工作并不陌生。企业初创时,你所喜爱的工作就是规划工作——为公司打造愿景,思考可以采取哪些大胆的策略;你因为拥有第一手信息而能高效完成的工作,比如梳理企业流程,也是规划工作。当你把大部分时间都用于规划时,你的公司就达到了绝对高效,并具备了可扩张的潜质。作为规划者,你会把自身最优秀的部分——你的天赋(这也是企业诞生的原因)——奉献给公司。同时,你不再从事日常的运营工作,让企业在没有你的情况下也能运转;换句话说,没有了你,企业也能够增长。你的目标是规划企业流程,将其导向增长的方向;当企业流程出现问题时,你需要做出战略性的决策,对其进行修补、调整或改进。

虽然意识到了规划工作的价值,但大部分人依旧在执行上花费了过多时间。这种情况不仅发生在还无法赋权的个体企业家身上,也发生在拥有 5 人、50 人或 500 人团队的企业老板身上。老板、经理人及高管团队也会和个体企业家一样,被困在执行里。

2009 年,德国图宾根市的马克斯·普朗克科学促进协会为《生物控制论》期刊(Biological Cybernetics)进行了一项研究。该研究证实,在没有地标(也没有太阳指明方向)的森林或沙漠中寻找出路的人,会出现绕着圈子走路的倾向。他们在仅仅 66 英尺[①]的距离内就会走出一个圆圈,却以为自己走的是完美的直线。这就好比蒙着

---

① 约为 20 米。——译注

第二章

第一步：分析公司的时间

双眼穿越足球场,从一侧的边线出发,却永远抵达不了另一侧的边线。

研究者得出结论,在没有清晰的距离标尺和方向坐标的情况下,人们会按照自以为的直线方向做出一连串的微小调整。然而,这些调整是有偏向的。人们对直线的认知会不断变化,使得自己走出了圆圈,绕了一个又一个的圈,最终倒在了森林里。而我们原本只需走出直线,就能轻松地找到出路。

如果前方有一个清晰的地标,或者有幸配备了指南针或 GPS(全球定位系统),你就能克服这种绕圈子的问题。远处清晰的地标使得你能够不断地校准前进方向,保持直线。即使遇到障碍物,你也可以避开它、绕过它、逃离它,然后重新找到地标,修正路线。

我为什么要说这些?如果一家企业不把时间用于明确目的地、探寻路线,以及寻找指明最短路线的地标,那么它注定将永远在原地打转。逃离生存陷阱是一种常态。老板和团队埋头苦干,日复一日,年复一年,希望能够向前迈进。然而,如果没有清晰的方向感,他们只会不断绕圈子,不断回到原点,并为此感到惊讶、沮丧。

作为企业的规划者,你的任务是确定公司前进的方向,找出指明方向的地标,为自己和团队配齐工具、制定策略,让公司的前进道路更安全、更便捷。

有了卓越的规划,企业才能取得卓越的进展。要做出卓越的规划,就必须把时间投入到这项最重要的任务中。是时候明确一下,公司"美好无畏又崇高的远大目标"是什么;是时候思考一下,你希望公司给客户带去什么样的影响力;是时候想一想,要制造这样的影响力该使用什么策略;是时候决定一下,你将使用哪些指标来衡量公司及团队的进展。以上就是你的公司的目的地,以及你为公司制定的愿景。

绕圈子最可怕的后果是什么？是即使看到了证据,也不相信自己正在绕圈子。马克斯·普朗克科学促进协会的研究团队把实验参与者分成了两组,一组被带进了德国某森林,一组被带到了撒哈拉沙漠。研究团队为实验参与者佩戴了GPS定位仪器,并给予了他们简单的指示:在接下来的几个小时里,走直线。能看见太阳或月亮时,他们走的路线基本是直的。但如果遇上阴天,或者没有月光的夜晚,参与者会立刻恢复绕圈的行为模式。更糟糕的是,复杂的地形会让参与者更难判断方向,形成通道效应①。没有地标,参与者就无法直线行走,而复杂的地形往往会让他们完全改变方向。

只执行,不规划,如此打造企业就好比蒙着双眼穿过密林。你不可避免地会绕圈子;遇到巨型障碍物时,你又会被引导至另外的方向。在企业增长的森林里寻找出路,我们需要一个规划者。他能越过眼前涌现的机遇和挑战,看得更远,绘制出通往成功的地图。而这个规划者就是你。是的,即使你早已忘记了曾经的愿景;即使你认为自己已经10多年没有动用过创造力;即使你怀疑自己没有

---

① 基于惯性,物质通常会选择阻力较小的路径通过。——译注

第二章
第一步：分析公司的时间

能力掌舵，将企业的大船开向繁荣的新海岸，但你依然是这份"规划"工作的最佳人选。你可以做到的。

赋权阶段遇到的困难

当你第一次想扩张企业规模时，很快就会面临决策阶段。扩张的过程非常简单——雇人并告诉他们做什么。但是，如何让员工在没有你的帮助下完成工作？这就没有那么简单了。而这个问题是我们自找的。曾经，每当我的员工遇到问题时，他们都会让我下决定，这很合理。他们是新员工，需要学习正确的工作方法，也就是我的方法。所以，我会把答案告诉他们，然后让他们回去工作。而且如果他们问的问题只有我能回答，我就会觉得自己很重要，自我价值感得到了满足。我和你说的都是大实话，你也需要对自己诚实一点：知道别人不知道的东西，会让自己感觉良好。

我以为过不了多久，我就不再需要回答每一个人的问题了。我预期问题会越来越少，毕竟他们已经熟悉了工作技能。然而奇怪的是，问题竟然越来越多了。这是因为在之前的过程中，我让他们以为应该永远从我这里获取答案。等我意识到这一点时，已经太晚了。他们从头到尾只学会了我教的 BuTSOOM 法。你知道的，就是"把我烦死"法（Bug the Shit Out of Me）。

我打赌，你也曾教授过你的员工 BuTSOOM 法，而且你还很熟悉这种方法最后是怎么翻车的。这一切都始于"比切片面包还要好"①的那一刻。一开始,你雇用了远程员工、兼职员工或全职员工。在新员工入职的第一天,唯一比她更兴奋、更焦虑的人就是你。几天后你会想:"这个新员工替我分担了那么多工作,我为什么不早点雇人呢?她简直'比切片面包还要好'。"

这个新人有着一肚子的问题,而这在你的预料之中。实际上,这也是你所希望的:员工有较强的学习力。然而几个星期后,这个人仍然有着一肚子她本应知道答案的问题。这是怎么回事?又过了几个星期或几个月,新"面包"的问题依旧接二连三,让你心烦意乱。你只能不断地停下自己的工作,去回答她的问题。这个时候你会意识到,这块面包其实是一块粗制滥造的无谷蛋白面包,就是那种像混凝土一样柔软,口感和柜子一样丰富的面包。同时,你会开始想:"还不如我自己来完成所有的工作。"

如果把所有答案告诉员工,你就阻碍了他们学习。考驾照时,只有当你开上了车,才算真正地学会了开车。你在教室里学习了六个小时的驾驶课程,知道了油门在右边,刹车在左边。然而,即使学习了这些知识,但当你真正开上车后,很可能还是会猛踩油门或者猛踩刹车。我打赌你在学车时,肯定因为过于紧张而撞倒过一两个雪糕筒吧。

真正的学习在于实践。人们必须经历过实践,才能让知识扎根

---

① 俗语,表示一件事物非常好。——译注

第二章

第一步:分析公司的时间

于脑海中。同样地,我们的员工必须经历做决策的过程,这个行为才会扎根在他们的脑海中。讽刺的是,当你雇人来完成某项工作时,这项工作之前肯定就是你自己在负责的,因为这样你才能减少自己的工作量。但是,如果你替员工做了所有决定,那么你的工作量反而会增加,而员工也无法成长。

我曾有过这样的经历:我不得不监督员工的工作。我的工作时间没有减少,反而增加了。因为我得不断停下自己本应完成的工作,去为某个员工做决策。当我回到自己的工作上时,又必须重新进入状态。这有多耗时间,你一定很清楚。作为决策者,我总要分心去为别人做决策,这使得我的效率非常低下。员工在等待向我提问时,他们也会暂停手头的工作。不夸张地说,他们会完全停下一切动作,直到我指明方向。我的工作没有进展,他们的工作也没有进展!一边做自己的工作,一边监督员工,这就好比在电脑上打字的同时,还要手写工作指示。而这完全不可能。[①]

这样的经历让我相信,我应该进一步减少自己的工作量,所以我决定再雇用一个人。然后又雇了一个又一个。直到我开始为整个团队做决策,只能把自己的工作留到深夜、周末、破晓时分去完成。结果是,公司的效率更低了,所有人都在等着我做决策。我所拥有的最有力的资源——员工的大脑——没有被充分利用,大家都

---

① 如果你想证明我是错的,请给我发一段你一边打字一边写字的视频,我很想看一看。——原注

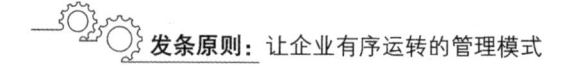

依赖着我一个人的大脑。我还获得了一个"意外之喜"——员工的工资榨干了我的银行余额。

我决定重启曾经奏效的工作方法——"我且仅有我"。我解雇了所有员工，回到了亲自完成一切工作的状态。我想事情应该会简单许多。我还把自己浪漫地勾勒成"能把所有狗屁工作都搞定的"独狼企业家。那时的我真是发疯了。我仿佛忘记了所有工作都要亲自上阵是什么感觉。循环又开始了，我在执行和决策之间反复摇摆。这就是为什么许多企业永远只有一或两个员工。

回答员工的问题，我的工作会被搁置；进行我的工作，员工又得等待着我的答案。丹尼尔·S. 瓦坎蒂（Daniel S. Vacanti）在其作品《可预测性的可操作敏捷指标入门》（*Actionable Agile Metrics for Predictability: An Introduction*）中提到，在项目的生命周期中，超过85%的时间都用于排队——等待某事或某人。等待是低效的，也是折磨人的。如果可以减少等待时间，我们就能促进企业增长，并保持理智。

许多员工数量少于三个的企业总会被困在等待的游戏中，并在执行阶段与决策阶段之间反复摇摆。企业老板一开始的状态是"我要把所有工作都做完"。接着会变成"我要请人来把工作做完"。然后，老板会发现自己的工作量没有减少，还变得前所未有地焦虑，而且极度缺钱。这时，他们的心理活动是：每个人都是蠢货，我要把他们都开了，自己干！随后，他们会想：老天爷呀，我可不能再这么下去了，无论如何都一定得请人了。雇用了员工后，他们又会认为：这

第二章

第一步：分析公司的时间

地球上就没有一个人不是傻子吗？

不，你的员工不是傻子，完全不是。他们只是需要你停止执行和决策，开始赋权。不仅仅要把工作分配出去，也要把决策权分配出去，真正地分配给其他人。

我和 INFINITUS 公司的创始人斯科特·奥尔福德（Scott Oldford）聊天时，他告诉我："最大的问题是，没有人告诉企业家应该具备赋权心态。企业家们也知道赋权的必要性，只是需要时间来习惯放手。而且在企业家们下定决心赋权后，他们还需要知道如何正确地赋权。"

斯科特认为赋权是一个过程："第一步，分配任务；第二步，分配责任；第三步，让员工对结果负责；最后一步，让员工对最终的产出负责，也就是长期的结果。"

如果员工的关注点不在于完成任务，而在于为公司交付产出，那么你能取得什么样的成就呢？由此将会发生翻天覆地的变化，我们会在第四章更深入地探讨这个话题，而此刻，我希望让你先认同赋权的概念。问问自己："如果我的员工被赋权做决策，而且我有信心他们可以持续做出能让企业发展壮大的决策，那么我的生活会更轻松吗？如果我的员工表现得像老板一样，我的生活会更轻松吗？"

这个问题根本不用思考，不是吗？唯一的答案就是："这还用说吗，迈克！我的生活会变得妙不可言！"

当你要的结果和团队的目标一致时，你就能更好地放手，让团队去完成他们的工作，而且不会出现任何问题。你将成为一台赋权机器;你要变成赋权者中的奥普拉·温弗瑞(Oprah Winfrey),对每一个员工大喊:"你获得了一个项目!你也获得了一个项目!你也获得了一个项目!"①

如果想在保住星期六和自己的灵魂的同时,扩张企业规模,你就必须极其敏锐地察觉到,自己正处于四个 D 中的哪一个阶段。你再也不执行了吗?不一定。但是,你的执行时间会大大降低,并逐渐过渡到只执行自己热爱的工作。

想一想亚马逊的"幕后大脑"——杰夫·贝索斯(Jeff Bezos)。2017 年 6 月 27 日,星期四,有消息称杰夫·贝索斯取代了比尔·盖茨(Bill Gates),成为世界上最富有的人。然而,贝索斯的上位只是暂时的。在那一天结束前,比尔·盖茨在股票市场的助力下,重回世界首富的宝座。盖茨和贝索斯从一开始就都把精力放在了规划阶段。但即便如此,在今天,他们依旧会把小部分时间用于执行。我敢肯定,盖茨会参与重大合作项目的谈判;而当亚马逊推出颠覆性的新产品时,除了产品团队会测试样品,贝索斯也会亲自做一些测试。对于企业家来说,执行阶段永远不会完全消失;只是它会占用很少的时间。

请把"为每一件小事情做决策"这句话扔进垃圾桶。你不会完

---

① 奥普拉是美国的脱口秀女王。她曾在一档节目中,为每一位现场观众送上了一辆汽车作为奖品,并大喊:"你获得了一辆车!你获得了一辆车!你也获得了一辆车!"——译注

第二章
第一步：分析公司的时间

全不决策,只是随着被赋权的人越来越习惯自行决策后,你就不会再做细小的决策,而改为只做最重要的决策。至于赋权,企业在不断发展变化,你必须在赋权上花些时间,直到聘请到一位负责赋权的人。他的主要职责是不断地赋权团队,让团队成员做出符合实际的决策;以及当你埋头于规划工作时,为公司的正常运作提供保障。注意,阶段之间的转换不是开关,而是油门。你的目标是,把大部分的工作时间用于控制工作流程,规划公司的未来。如果你希望像盖茨和贝索斯那样,让企业如发条一般运转,那么你就必须把大部分的精力放在成为一名规划者上。

4D 模型——目标百分比

不论是想改善身体状况还是企业状况,都必须清楚目标及现状。如果你的体重仅为 150 磅,而目标却是减掉 100 磅,这显然是不合理的。明确了起点以及理想的目标后,思路就会更加清晰。这就是在 4D 模型这一步中,我们将为你的企业做的事情。

在企业中,员工的工作有四种类型(见图 1),分别是"执行"工作,为他人"决策"工作,把工作"赋权"给他人,"规划"工作。正如上文所说,我将这四种工作统称为 4D。

在你的企业里,以及在地球上的所有企业里,大家都在执行 4D。不论你的企业有一个员工还是 10 万个员工,又或是介于这两者之

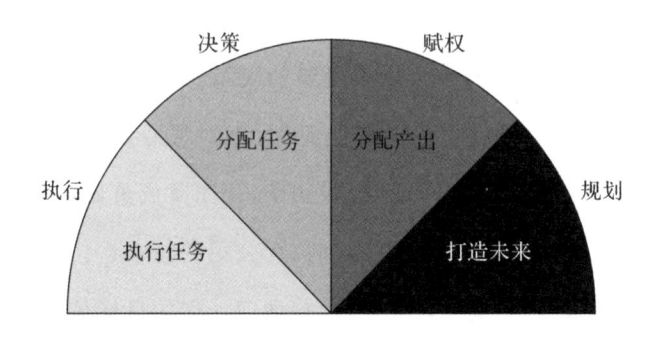

图 1　工作的四种类型

间的任何数字，上面这句话都是适用的。同时，这句话也适用于你公司中的每一个员工。从实习生到执行董事，从可爱的销售到和蔼的高管，所有人都在和 4D 打交道。

虽然你或许没有（还没有）特意指导过大家，但公司里的每一个员工都有着各自的 4D 比例。有些人不断地"执行"工作；有些人在为他人做"决策"的同时，"执行"着 10 人份的工作，甚至还留出了几秒钟的时间，尝试"规划"具有前瞻性的策略。听起来熟悉吗？

把每一个人的 4D 模型集合起来，就组成了企业的 4D 模型。如果你是个体企业家，企业中只有你一个人，那么你自己的 4D 模型就是公司的 4D 模型；如果公司中有多名员工，那么公司的 4D 模型就是所有员工 4D 模型的集合体。

理想的公司 4D 模型为 80% 执行、2% 决策、8% 赋权以及 10% 规划（见图 2）。为什么企业需要把那么多的时间用于执行？因为要满足客户的需求。满足了客户的需求可以使企业具有市场价值，这

第二章
第一步：分析公司的时间

也是企业盈利的原因。理想模型中的其余20%则被分配在管理、引导企业方面。如果希望把企业规划成自主运转的模式，就需要掌握4D模型。简单来说，你需要知道公司的4D模型是什么，与最佳4D模型的差距在哪里，并通过发条原则不断地优化企业。

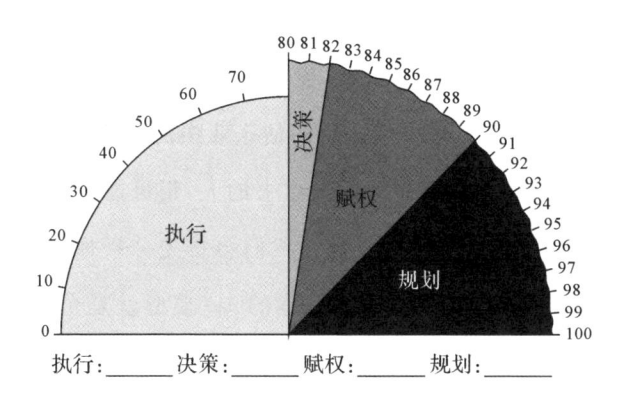

图2　最佳4D模型

（注：为了方便阅读，图中的增量并非平均分布。）

让我带你抄个近道，这很重要，也很管用。对最佳4D比例进行分析，耗时又耗力。企业是动态的，想把4D比例确定下来非常困难，或者说是不可能的。所以，你应该把注意力优先集中于占比最大的D上，也就是占比80%的执行。你的公司是否将大多数时间而不是全部时间用于服务客户（80%的执行）？如果执行时间占比高达95%，你应该马上意识到，公司中缺乏规划及其余两种工作，毕竟只有5%的时间可以用在这三个D上；如果执行时间占比60%，这也不是一个好现象，说明企业没有花足够的时间完成工作。所以，你只需要监控用于执行的时间，将目标定为80%，那么其他三个D的时间占比通常就能迎刃而解。把剩下20%的时间尽可能地用于规划，那么赋权和决策的时间占比也就水到渠成了。但有一个前提，那就是你坚定地为员工赋权，让他们成为自己工作的"主人翁"。

现在，你已经知道了最佳4D模型。接下来，我们来分析一下你的企业现状。我们最终的目标是评估企业中的所有员工是如何使用时间的。但是，你是正在阅读这本书的人，很可能也是履行QBR（在后文中会深入探讨）的人，所以我们会首先分析你的4D模型。如果企业中只有你一个员工，那么你的4D模型就是企业的4D模型。不论公司有多少员工，请一定要充分理解接下来的相关分析，以及它所揭示的4D模型的信息。同时，这些相关分析也能让你明白应该如何评估企业的4D模型。

请对你过去的五个工作日进行评估。如果你有记录日程或工作任务的习惯，这项评估会相对简单。尽最大努力把这五天内你所做的每一项任务、采取的每一个行动都写下来，具体步骤如下：

1. 找一张白纸，画出六列，表头分别为日期、事项、开始时间、结束时间、总用时以及工作类型（见表2），这就是你的时间分析表。

第二章
第一步：分析公司的时间

表2　时间分析表

日期	事项	开始时间	结束时间	总用时	工作类型
					执行 | 决策 | 赋权 | 规划
					执行 | 决策 | 赋权 | 规划
					执行 | 决策 | 赋权 | 规划
					执行 | 决策 | 赋权 | 规划
					执行 | 决策 | 赋权 | 规划
					执行 | 决策 | 赋权 | 规划
总用时	执行：	决策：	赋权：	规划：	

2.把五天内的每一项任务、每一个行动都记录在表格里。为了让这个过程尽可能地简单，可以一次只回忆一天的工作。尽你所能回忆当天的所有工作，然后重复这个步骤。

3.在日期一列，写下事项的日期。

4.在事项一列，用几个词语描绘你完成的任务或采取的行动。

5.在开始时间及结束时间这两列中，把任务开始及任务完成的时间记录下来。（使用主动时间分析法时，才需要填写这两列。你现在是在通过回忆来获取信息，只需要填写任务的总用时即可。）

6.最后一步，把任务分类：执行、决策、赋权或规划，圈选出对应的工作类型即可。

7.如果没有记录工作日程的习惯，也实在想不起来过去五天的工作,那么就在接下来的五天里把这张时间分析表填写完吧。

当你深入理解发条原则,并在公司中推广实行后,会发现主动时间分析法才是最准确的方法。通过使用主动时间分析法,你会在采取行动的同时,把行动记录下来,确保没有任何遗漏,接下来我们就将展开讲述主动时间分析法。

主动时间分析法

慢着,我马上要给你看一堆数字,就像《绿野仙踪》(*The Wizard of Oz*)里的多萝丝(Dorothy)一样,你可能并不想穿过丛林,前往翡翠城。对于多萝丝来说,这趟旅程是可怕的;对于你来说,这趟旅程可能是无聊的,也可能会让你很有压力。百分比,百分比,百分比,老天爷呀!我是个商业怪胎,分配经费和各种分析会让我兴奋不已。你或许和我不一样,但请为了我再坚持一下,好吗?有了这些信息以后,你才能到达自己想去的地方。(顺便说一下,我希望你想去的地方是伟大的奥兹国,而不是经济大萧条时期饱受风沙侵蚀的堪萨斯州。多萝丝到底为什么想回去呀?)具体步骤如下:

1. 准备一张全新的时间分析表,参考前文步骤一。

2. 在表格中写下日期、当前任务以及开始时间,然后再开始这项任务。当你准备切换到下一项任务时,不论是什么任

第二章
第一步:分析公司的时间

务——包括回答同事令人分心的问题,回复紧急邮件,以及外出午餐——都请快速地把当前任务的结束时间记下来(即使当前任务还没有完成,但至少此时此刻你不会再做它了)。然后,在表格上写下新的任务名称(比如回答同事的问题)以及开始时间。当这项任务完成后,在表格里写下结束时间。你需要把一天中接下来的所有任务都这么记录下来。

3.结束了一天的工作后,请确保把日期一列全部填上。从上到下画一条直线就可以,这样效率也高(毕竟这是一本关于效率的书)。然后,看一看当天的每一项任务,在表格上记录下该任务的分类:执行、决策、赋权还是规划。每一项任务只能勾选一个分类。如果无法确定,那就选择级别最低的工作类型(执行最低,规划最高)。我知道这么做很费劲,但只需要坚持五天而已。从这次尝试中你能获得许多信息(认知与现实间的差距之大可能会让你感到惊讶),而且这是让企业实现自主运转的重要一步。你需要明确自己目前身处的位置,这样我们才能让你快速地到达自己的目的地。

4.把五天的工作都记录在时间分析表上后,计算出花在执行上的总时长;然后计算出决策时间的总时长;接下来是赋权时间的总时长;最后是规划时间的总时长。把四个 D 的总时长记录在表格底部。保存表格,留作后用。

5.计算出四个 D 的总时长后,绘制一个 4D 模型的测量表(可以使用我为你准备的图表,见图 3,也可以在 Clockwork.life

上下载)。用每一个 D 的总时长除以四个 D 的时长之和,计算出百分比。比如说,你在执行上花了 45 个小时,在决策上花了 14 个小时,在赋权上花了 1 个小时,在规划上花了 0 个小时,那么四个 D 的时长之和就是 60 个小时(45+14+1+0)。要想计算出执行的百分比,就用 45 个小时除以 60 个小时,结果是 0.75,也就是 75%。重复上述步骤,我们可以知道决策占比 23%,赋权占比 2%(两项都四舍五入了),规划占比 0%。计算出百分比后,把它们填入图表下方的空白处。

执行:_____ 决策:_____ 赋权:_____ 规划:_____

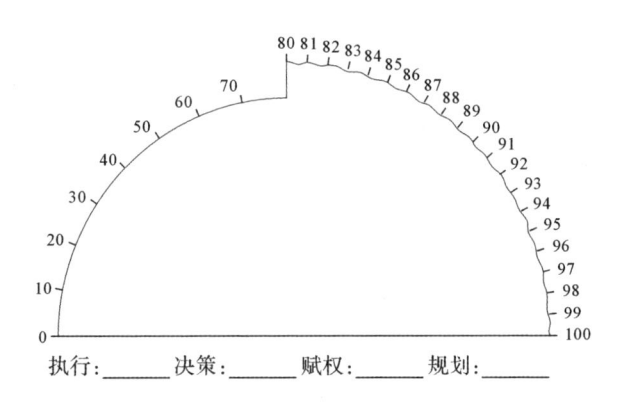

图 3　4D 模型

6. 最后一步,填画"扇形图",把每一个 D 的百分比正确地体现在图表中(4D 模型)。通过扇形图,你能够了解不同类型工作(四个 D)的时间占比。

虽然每一种工作都是必不可少的,但是许多企业的时间分配并

第二章

第一步：分析公司的时间

不均衡。我们会在稍后讨论企业的整体时间分配，现在让我们先来看一看你的时间分配。再说一次，如果你是个体企业家，或者员工人数小于等于五，那么要么你的4D模型就是企业的4D模型，要么你的4D模型是企业的4D模型的主要部分。通过这次尝试你发现了什么？领悟到了什么？

许多个体企业家都掉入了一个陷阱——把95%或者更多的时间用于执行。他们生活在用时间换金钱的陷阱里，也就是生存陷阱。在这个陷阱中，让企业增长的唯一办法就是做得更多。但这是不可能的，因为企业家没有时间。

我也曾经见过一些个体企业家，他们把自己困在了规划占比极高的4D模型中。如果你把40%的时间都用于规划（远远高于最佳模型中的10%），那么虽然我不知道你是不是一个梦想家，但我知道你用于执行的时间并不足以把梦想变成现实。

注意！我们分析的仅仅是你生活中的五天，或许你恰好在这五天里在做季度市场调研。在《厕纸企业家》一书中，我详细讲解了市场调研策略，其内核非常简单：市场调研是企业家每一个季度都应该做的事情——观察周围的市场，理解市场会对你的首要目标产生哪些影响；然后调整商业策略，使之和你的"美好、无畏又崇高的远大目标"相一致。

如果你分析的恰好是在做市场调研（比如做计划）的五天，那么这个分析是不具有代表性的，无法体现你典型的时间分配。不如这样吧，请相信自己，你也应该相信自己。你非常清楚自己典型的工作周是什么样子的。所以我允许你回到步骤一,记录下你心目中的典型的一周。

最佳4D模型当然也适用于多员工企业。举个例子,你的公司有两个员工(你是其中之一),你们两个人的4D模型的平均值就是公司的4D模型。如果你的4D模型是50%执行,0%决策,0%赋权,50%规划,而另一个员工的模型是80%执行,20%决策,0%赋权,0%规划,那么你只要计算出每一个D的平均值,就能知道企业的4D模型了。

但请注意,我知道你可能每周工作70个小时,而员工每周只工作40个小时,所以你的4D模型的权重应该更大一些。但这种细节对结果的影响不大,就别那么较真了。而且我们的目标是把你的工作时间从70个小时降下来,还记得吗?

在这个例子里,公司的4D模型是65%执行,10%决策,0%赋权,25%规划。也就是说,企业的4D模型为65/10/0/25。对比一下最佳模型80/2/8/10,我们就知道应该增加执行的时间(完成工作),减少为他人做决策的时间(或许你把工作外包给了远程员工,而他们需要的指导太多了);赋权的时间为0,但我们应该把约8%的时间用于赋权他人,让他们驱动产出;25%的时间花在了规划企业上(思考未来和愿景),这个比例太高了,应该控制在10%左右。

即使你有一家大公司,员工有数十人、上百人,甚至上千人,你也可以让每一个员工都做一做这个自我分析。不过,请以部门或职能为单位进行练习。比如,你有200个员工,其中会计部门有10个

第二章

第一步：分析公司的时间

员工。那么，请让会计部门的每一个员工完成他们的 4D 模型分析，取平均数，得出该部门的 4D 模型。重复以上步骤，得到其他部门的 4D 模型。然后，画出每一个部门的 4D 模型图。最后，将所有部门的 4D 模型汇总并取平均值，就能得到公司的 4D 模型了。

从 1% 开始

我知道，我让你在工作上做出的改变听起来很吓人。尤其在此时此刻，你根本无法想象该如何抽出一点点时间来规划企业。这就是为什么，在你刚开始使用发条原则时，我只会让你拿出 1% 的时间用于规划。如果每周工作 40 小时，1% 就是 24 分钟，四舍五入就是半小时。如果你的实际情况更接近于每周工作 60 小时，那么 1% 四舍五入就是一小时。你甚至不需要拿出完整的 1%（不论你的 1% 是多长时间），利用零散时间就可以进行规划。

即使规划时间仅有 1%，你也可以在这个时间里，专注优化 4D 模型以及其他策略，从而精简企业。你知道自己还能做些什么吗？你终于可以打开抽屉，拿出那份标着"有朝一日"的文件夹，想一想是否还希望实现这些目标。那些一直想读的行业动向和新潮科技的文章，那些买了却还没有看的教学视频，你都可以利用这 1% 的时间来吸收它们，以完成重要的调研工作。即使每周只有 30 分钟，你也终于有时间完成企业最重要的分析之一：明确哪些工作是行之有效的,找机会多做这类工作;明确哪些工作是无用功,想办法减少这类工作。

一旦养成了预留时间的习惯,你就会逐渐适应把时间用于规划,并会好好地利用这块时间。你会发现自己对待企业的态度发生了变化。随着你把在规划时间里想出来的点子和策略运用于实际,你会看到企业发生了改变。一旦认为把时间用在规划上是理所当然的,你就会渴望更多的规划时间。

是的,你可以把任何企业打造成发条型企业

如果你是创意型企业家,或者说,你拥有企业谋生所需要的技能,那么该如何从执行者转变为规划者呢?我经常会被问到这个问题。一定要记住,执行、决策甚至赋权是维持企业运转的部分;而规划则是提升企业的部分。即使你所在的行业是专业化的、独立的,比如绘画,你也可以成为企业的规划者。不相信吗?不如让彼得来解释一下吧。

17世纪荷兰裔英国画家彼得·莱利爵士(Sir Peter Lely)[①]不是第一个将艺术作品体系化的艺术家,但他是第一个让公司如上了油的布谷鸟时钟般运转的艺术家。(我这比喻不错吧?)莱利是巴洛

---

① 真名为彼得·范·德费斯。——编注

第二章
第一步：分析公司的时间

克风格的画家，而在当时，巴洛克风格极受欢迎。移居伦敦后，莱利很快就成为颇受推崇的肖像画师，后来又成为王室的"首席御用画师"。他最知名的作品是"温莎美人"系列，这10幅宫廷女子肖像画曾挂在温莎城堡内。

由于生意火爆，莱利开设了工作室，培训其他画师，让他们帮助自己完成画作。这个家伙的助手可不止几个人而已。他的团队非常庞大，这样他就可以专注自己最擅长且因此闻名的领域——人脸绘画，并把其余工作留给助手。被"温莎美人"系列的魅力吸引前来的客户，他们最看重的是画中人的那张脸。如果每幅画都由莱利从头到尾绘制完成，包括人物的衣着及背景，那么他就把大部分时间浪费在了自己天赋领域之外的地方。如果不跳出执行、决策及赋权阶段，那么扩张企业的唯一方法就是工作得更久、更努力。

而莱利直接进入了规划阶段（但他没有完全放弃其他阶段）。他绘制了各种人物姿势的草图，并为它们编号。在画作中，他通常会使用相同款式的裙子和相同的道具。当莱利完成了一个人物的面部后，主管画师会把这幅画分配给团队中的某一名画师，让他套用编号模板，画出莱利所要求的姿势以及剩余部分。莱利无疑是"按数字作画"的教父。

莱利的客户最想要的是莱利对他们的脸部的演绎；其余因素，比如背景、裙子颜色、道具等，都不太重要。莱利交付了客户最想要的产品，因此企业蓬勃发展。莱利专心于执行脸部的绘制工作，并将其余工作赋权给他人。因此，他一生画出了上千幅画作；而与他同时期的画师，能产出100幅就已经很不错了。

下一次，请不要再说"我没有办法精简企业"或者"我就是得亲自完成所有工作"了。你这是在对自己撒谎。你的企业可以自主运转。如果一个古代的画师可以做到，那么你肯定也可以做到。

在很长一段时间里，我曾一直无法接受一个事实，那就是在我的公司里，其他人也能完成核心工作，或者说所有工作（希望如此）。我的敌人是自尊心。我坚信自己是公司里最聪明的人，至少在业务方面。然而，我的朋友迈克·阿古利亚罗（Mike Agugliaro）向我讲述了他和他的合伙人做出的一个小改变。这个故事颠覆了我的想法。迈克和合伙人罗伯·扎多蒂（Rob Zadotti）曾经营着一家管道疏通企业。他们从一开始开着破卡车四处拉生意，到后来把企业发展成了价值3000万美元的家政服务公司。迈克是怎么从执行者转型成规划者，并把公司规划成了世界级的企业呢？（他们的公司于2017年夏天被高价收购，用罗伯的话说就是"现金多得数不清"。）答案是改变提出的问题。他们不再问"我该怎么疏通管道？"，而是问"谁来疏通管道？"。这个简单的改变让他们找到了答案，变成了企业的规划者。如果你也想成为企业的规划者，那么不要再问"怎么做"，而要问"谁来做"。就是这么简单的一个问题——"谁来完成工作？"——会让你见识到，原来一家企业能够如此轻松地进入规划阶段。

我已经记不清有多少次听到企业家对我说："我的企业太特别了，没法体系化。"抱歉打破这些人的幻想，但他们的企业其实没有

第二章
第一步：分析公司的时间

很特别。是的，他们的企业确实有一些独特之处，但其中的90%和所有人的企业都一样。我的企业也是，你的企业也是。

世界上没有几家企业是那么独特的。如果一家企业真的很独特，而且运营得很成功，那么所有人都会抄袭它的模式，所以和独一无二说再见吧。好了，别为这种鸡毛蒜皮的小事伤心了。"你妈妈说得对，你很特别，你很与众不同。"我只是想说，所有企业的基本商业原理都是一样的。鉴于你正在读这本书，我假设你至少愿意放下自尊心，尝试使用发条原则让企业实现自主运转。

最妙的是，精简企业并不需要惊人的工作量，也不需要建立一堆新的工作方法。实际上，当你意识到自己已经具备了所有的工作方法后，这个过程其实简单得可笑。这些方法已经记录在了你的大脑里。我们的目标仅仅是把它们从你的大脑里提取出来。第五章将告诉你如何做到这一点。完成了这一步后，你就可以自由地去做自己最擅长的事情了。不论你做的是什么工作，我们都可以把这些工作分解成步骤，再把它们赋权给其他人。

而如果你就是喜欢执行，不想放弃太多的执行工作怎么办呢？完全没有关系，去做你热爱的工作吧。企业应该是让你感到高兴的存在。我的重点在于，你可赋权的工作比你想象中的多，即使你从事的是艺术行业。

休假行动

在本章的开头,我讲述了格莱斯夫妇故事的第一部分。埃莉斯在医院里住了整整六个星期,其间完全无法工作。大部分人甚至无法想象离开公司六个小时会发生什么,更不用说六个星期了。现在,不仅企业家,就连员工的休假时间也变得越来越少。一项2017年的研究[①]显示,具备带薪休假资格的美国员工中,只有50%使用了假期。而且令人毫不意外的是,在使用了带薪假期的美国员工中,有2/3在休假时或多或少进行了工作。这不仅仅是企业家的问题,也是我们工作文化的问题。

但是,如果你被迫休假,会发生什么呢?

我和格莱斯夫妇交谈时,埃莉斯说道:"我们都很感激我住院的那段时间,那是我们的转折点。在所有希望都破碎的那一天,我们决定痛改前非,问自己一些不一样的问题。我们不再问'该如何渡过难关?',而是问'如果可以选择世界上的任何工作,我们想做什么?'。那时的我们已经跌入了人生的谷底,但也正因如此,我们才能随心所欲地问出这个问题。"

---

① 2017年5月24日合里斯民意公司为招聘网站做的研究报告:《我们无法切断电源:2/3的员工在假期工作》,www.glassdoor.com/blog/vaction-realities-2017/——原注

第二章
第一步：分析公司的时间

"谷底自由"，这太能引起我的共鸣了。曾经有一个很火的问题可以挖掘人们的激情所在与人生目标，我相信你肯定听过："如果你富可敌国，会做什么工作？"这个问题非常棒，但是带有偏见。这个问题预设了不论你选择的是什么工作，这份工作都无需维持你的生活。你或许会回答："我想一天到晚看《消消气》(*Curb Your Enthusiasm*)①。"既然你有着源源不断的现金收入，那么放纵自己一直看拉里·戴维的节目，也是一个不错的选择。这个问题的目标当然是找一个自己喜欢的活动，且无需担心赚钱压力。

而我想到了另一个问题。这个问题很少有人会问，但是它和第一个问题同样重要，而且恰好与第一个问题交相呼应："如果你身无分文，会选择什么工作来维持生计？"如果你对这两个问题的答案是一致的，那么才能说明你找到了人生方向。我也是通过这两个问题找到了自己一生的追求——写作。曾经，当我在回答第一个问题时，我就幻想过自己"有朝一日"要当一个作家，但一直没有付诸行动。后来，在我几乎破产，花光了家里的钱财时，我不得不再问问自己："我现在一分钱也没有了，我想做的工作是什么呢？"我的答案还是一样的。我想成为本世纪小微企业领域最多产的作家。答案没有改变，我的目标非常清晰。

只有时间才能证明，我是否达成了自己"美好无畏又崇高的远大目标"，也就是成为小微企业领域最多产的作家。但至少，这趟旅

---

① 美国喜剧电视剧，由拉里·戴维(Larry David)自导自演。——译注

程让我体验到了无限的快乐。我热爱自己做的事情,而埃莉斯和斯科特热爱品牌营销。他们渴望扩张企业,而现有的企业模型成了他们扩张道路上的阻碍。此外,他们还想做些不一样的事情,以及更多的事情。

埃莉斯说:"在我病倒之前,我曾给斯科特塞过几次小纸条,告诉他我不想干了。我在企业中充当的角色需要面对太多冲突。我总是要告诉客户他们关于品牌营销的想法是错误的。我不想再做这个了。我真的只想拿着工资去和别人喝咖啡。"

而斯科特对于自己人生目标的回答出于他对企业制度的一腔热血:"我希望人们可以因为他们的企业而在生活中享受到自由。"

埃莉斯的身体逐渐康复后,他们开始重整团队,完成客户的工作,结清医院的账单,并开启新的商业模式——一种能让他们收获满足感及自由的模式。他们不再为单一客户服务,而是同时为多家客户提供培训及内容;他们不再为客户管理项目,而是通过线上课程为老客户、新学员及"粉丝"提供建议,指导他们管理自己的项目。虽然当时的格莱斯夫妇并不知道 4D 模型这个词语,但是他们成功地让公司的 4D 模型达到了平衡。在七个星期内,他们就打造出了一家精简的企业——借助线上课程培训原有的客户群和不断增长的新客户群,并指导他们营销品牌、使企业体系化。

现在,埃莉斯和斯科特在一辆 28 英尺①长的野营车中打理企

---

① 约为 8.5 米。——译注

第二章
第一步：分析公司的时间

业。他们时常会给自己放四周假或六周假。度假中的他们完全脱离了企业的日常运营。他们不在的时候，企业发生了什么呢？企业仍在不断地增长。

"去年夏天，我们俩都放了三个月的假，一起去欧洲玩了一圈。"埃莉斯说，"我们完完全全脱离了工作。不看社交平台，不回信息和邮件。我们打造企业的方向是，即使我们放个小假，企业也依然能够增长。我们精简了公司的整个流程，而且从欧洲回来后，公司的用户量和收入都比放假前有所增长。"

埃莉斯和斯科特完成了提高运营效率的关键一步：不再做不喜欢的工作。他们没有简单地把这些工作赋权出去，而是重塑了企业的整体架构。从此，他们不再需要做不喜欢的工作，而可以只做自己喜欢的工作。然后，他们又找到了方法，灵活地安排自己喜欢的工作。为了达成目的，应该做哪些事情？你在公司里承担的职能直接体现了你对这个问题的思考。如果你认为必须累死累活地工作，公司才能成长，那么你会证明自己的想法是正确的；如果你相信无需付出太多努力也能扩张企业，那么你同样也能证明自己。只有在相信一件事情时，这件事情才会发生。让自己相信这件事情会发生的唯一方法是自问一些发人深省的问题。斯科特这么做了，埃莉斯也这么做了。

我希望找到一个简单的方法让企业实现自主运转。在探索的道路上，我遇到了不少人，他们有一个共同点——当他们休假回来后，他们的企业却变得更成功了。其中一个人甚至休了整整两年的长假！在接下来的章节里,我将和你分享他们的故事。通过他们的故事我意识到,长假是检验一家企业是否高效的最佳方法,而休假的坚定决心则是促使企业家去精简企业的最佳动力:企业家需要让企业做足准备,迎接他们不在的日子。

随后,我顿悟了:坚定地休四周假——大部分业务周期的时长——是促使我们精简企业流程的最佳动力。在四周的时间里,大部分企业都会经历结款、向潜在客户推销、销售产品给老客户、管理薪资、完成会计工作、处理行政工作、技术维护、提供交付服务、寄送产品等经营活动。知道自己将有四个星期无法打理企业事务,我们肯定会竭尽所能让企业做好准备,应对我们不在的日子。如果不下定决心去度假,我们就会把宝贵的时间耗费在精简企业流程的过程中。然而,我们毕竟是人类。或许在从企业事务中解脱出来之前,我们就已经放弃了这项工作。自尊心是强大的,苦差事是耗时又耗力的。虽然熟悉的苦差事令人痛苦,但总是一个更简单的选择,只是因为我们对它更熟悉。没有了强加的目标,我们可能永远也不会精简企业。

在这本书里,我发起了"休假行动"。你、我,以及所有人,我们齐心协力,相互支持,完成必要的步骤,在扩张企业的同时,找回生活。我向你发出挑战:请下定决心,在接下来的18个月中,你将休四周假。我说的下定决心是指订好机票和酒店。为了确保你不会打退堂鼓,请把这个决定告诉你的孩子、你的妈妈,或者写在日记本里。要不然,就用最大胆的方式公布出来——发在Facebook(脸书)

第二章
第一步:分析公司的时间

上。如果你最后没有做到,全世界都会对你指指点点。不论如何,请一定要把你的度假决心发邮件给我(等会儿就告诉你怎么发)。或许,我们会在同一时间同一地点度假。我们可以一起喝杯玛格丽特鸡尾酒,与此同时,没有了你的企业正在成长。

在第十章,我会列出一份详细的时间表,一步步地告诉你如何让企业为你的四周长假做好准备。即使你很"叛逆",或者不相信我说的话,并且已经决定了不会在接下来的几年里休四周长假,也请读一读第十章。这份时间表通过七个步骤展示了发条原则的框架。

我想明确一点,我并没有说你只能休四周假。对于部分人来说,四周的假期或许太短了。如果打算生宝宝,你可能会希望休息三到六个月,甚至更长。你或许不知道,怎么才能在维持企业存活的同时休那么长时间的假呢?这就是为什么,我们要做好休四周假的计划,好让企业实现自主运转。这个目标一旦实现后,你就可以根据自己的意愿和需要来决定休假时长。想象一下,你不再需要为了维持企业的运转和增长而推迟人生中的重大决定!

就在我写这本书的时候,我也下定了决心:我将在2018年12月①开启人生中首次为期一个月的假期。确切地说,我的行程将于12月7日开始,1月7日结束。18个月前,我就开始为这次为期一个月的假期做计划了。我还做了好几次离开公司一周的测试,确保一切就绪。在这18个月里,我开始以全新的角度思考企业。我知

---

① 本书的英文版于2018年8月出版。

发条原则：让企业有序运转的管理模式

道假期即将来临,于是我专注于把自己从所有核心职能上摘除,努力实现最佳 4D 模型。如果不强迫自己放假,我能完成这些工作吗?不,我想我不能。我想你也不能。

Shift180 公司的巴里·卡普兰(Barry Kaplan)是我的企业教练,他非常出色。他曾对我说:"迈克,有的时候让自己不再杂务缠身的方法,就是不去做那些杂务。"

就是这么简单。不要再把时间浪费在思考如何从杂务中脱身上了。如果事情不如计划般顺利怎么办?如果企业崩盘了怎么办?如果?如果?你要做的就是不去做那些杂务,然后考核结果。现在就去预订机票和酒店,赶紧离开道奇城①吧!(讽刺的是,道奇城以大量杂草②闻名。)下定了决心要度假后,你的想法就会发生变化,你会开始向企业的规划者转型。

发条原则的实际运用

1. 是时候给自己留出一些用于规划的时间了。在《绝对利润》中,我曾请求读者让他们一定要拿出至少 1% 的利润,存起来留作后用。即使他们没有遵循我书里的其他任何步骤,留出

---

① 原文为 get out of Dodge,英语俗语,意思是快速离开某地。道奇城为美国堪萨斯州的一座城市。——译注

② 原文为 weeds,即杂草,在此处是双关语。get out of the weeds 即从杂务中脱身。——译注

第二章
第一步：分析公司的时间

1％的利润至少可以达成两件事情：一是他们会发现，把这部分钱拿出来原来那么容易；二是他们还学会了，怎么在没有这部分钱的情况下活下去。在这一章的实际运用中，我希望你能留出1％的工作时间，把它用在规划公司上。只要1％。不论待办事项有多少，不论客户和员工有多难缠，每周拿出一点点的时间来推动公司前进，公司不会因此而倒闭的。

2. 在接下来的18个月中，把每周的规划时间锁定起来。随着时间的推移，你用于规划的时间会越来越长。但就目前来说，我和你需要确证这1％的时间在长期内是有保障的。

3. 请把这1％的时间分配在每周的开头，不要等到一星期快结束时才去做规划工作。以打造公司愿景来开启新的一周，那么在余下的时间里，你也会自然而然地去完成支撑愿景的工作，从而更快地实现愿景。然后，为接下来的五个工作日进行一次时间分析，明确你的4D模型。

CLOCKWORK

第三章

第二步：宣告公司的蜂后职能

如何让企业实现最佳的4D模型？如何着手提升企业效率？四年前，我带着一个简单的问题开始为我的企业寻找答案：世界上最高效的组织是什么？高效的组织可以自动赚钱，让我们拥有想做什么就做什么、想什么时候做就什么时候做的自由。这样的组织是我们都向往的。而我在谷歌上搜索到了什么？什么也没搜到。

如果我们能在网上搜索到这个问题的答案，那该多好呀。我在不切实际的理论、清单式文章以及各种定义中翻来找去，却完全找不到经过证实的解决方法。这就好比你希望一个魔力八号球①能告诉你一些真知灼见，根本不可能！但我还是急切地想知道答案。我在搜索栏里输入"工作压力大得屎都拉不出来了怎么办？"，我相信你也这么做过，你或许还问过更夸张的问题。而谷歌以无糖、无谷蛋白、无味道的马芬蛋糕烘焙菜谱"回敬"了我。最讽刺的是，这些马芬蛋糕让我压力更大了。我的意思是，如果一个马芬蛋糕里没有

---

① 随机给出答案的玩具，用于预测运势。——译注

糖也没有谷蛋白,那剩下的不就是空气和蛋糕纸杯了吗?

在谷歌上收获寥寥,我开始转战图书馆。(是的,图书馆还存在于这世界上。)我找到了大量书籍、论文和文章,但它们介绍的都是某家公司使用的特定方法:这家鞋商是如何在更短的时间里生产出更多球鞋的;那家经销商是如何缩短运输流程的;迪士尼是如何以"迪士尼的方法"成功的。

我相信,世界上总有人手握着一份"最高效的企业"的清单。我想学习,这些企业是怎么提高效率的,并把他们的方法翻译成实用的建议和你分享,我自己也能使用。然而问题是,我搜索到的企业似乎都经历了千难万险,才获得了成功。他们只搞清楚了他们需要的是什么,但这并不是我们需要的。他们的方法是不可复制的。毕竟,你从来没有去过第二个迪士尼,也没有喝过第二个可口可乐,不是吗? 当然,你可以和他们竞争,六面旗①和百事可乐就这么做了。但是,你不能完全照搬另一家企业,并期许得到一模一样的结果。

后来有一天,我正开着长途车,搜索着电台频道。无意间,我听到了一档关于蜜蜂的节目。那一天对我产生了深远影响。在节目中,美国国家公共广播电台(NPR)的记者对养蜂人进行了实地采访,介绍了这种昆虫的奇妙之处。而且,记者还为听众做了一次真人示范——他因为离蜂巢近了一点儿,而惨遭蜜蜂叮咬。典型的 NPR 作风。

---

① 总部设于纽约的主题公园连锁品牌。——译注

第三章
第二步:宣告公司的蜂后职能

最让我印象深刻的是,蜂群能够几乎不费力气地极速扩张。你或许目睹过这样的场景:窗外有一只蜜蜂在嗡嗡叫;没过两天,窗外就出现了一个巨大的蜂巢。蜜蜂是怎么做到的?

蜂群中的每一只蜜蜂都知道,它们永远只需要按照相同的顺序完成两件事情:第一,每一只蜜蜂都必须确保蜂后的安全,没有什么比这更重要的了,毕竟蜂后承担了产卵的任务;第二,也只有在这种情况下,蜜蜂才会履行它们的主要职责。因此,蜜蜂的"嗡嗡企业"①(我发誓这是唯一的一次)能够快速而轻松地增长。

接下来让我们看一看,蜂群是如何运转的:

1. 每一个蜂巢中都有一只蜂后,她的任务是产卵。产卵就是蜂后职能。QBR 进展顺利,蜂后产下蜂卵,蜂群就能快速而轻松地扩张;如果蜂后没有完成产卵的任务,整个蜂群都会陷入危机。

2. 每一只蜜蜂都清楚,蜂群兴盛的关键在于产卵。而蜂后是负责产卵的,所以要保护她、服务她,要让蜂后吃得好,睡得香,不会因为其他任何事情分心,只专注于完成自己的工作。

3. 不要误以为蜂后是蜂群中最重要的部分,蜂后所承担的任务才是蜂群中最重要的。蜂群需要蜂后为它们快速地、源源不断地产卵。哪一只蜜蜂是蜂后,这无关紧要;QBR 才是关键。

---

① 原文为 buzzness,即 buzz(蜜蜂的嗡嗡声)与 business(企业)的结合,谐音梗。——译注

当蜂后死亡或无法产卵时,蜂群会立刻让另一只蜜蜂成为蜂后,承担产卵的任务,让 QBR 继续进行。

4.当蜂后充分履行了 QBR,蜂群感到心满意足后,它们才会去完成自己的主要职责,比如采集花粉和花蜜,照顾蜂卵及幼虫,维持蜂巢温度以及保卫蜂巢,让它不受 NPR 记者的破坏。

在了解了蜂巢为什么可以如此迅速地扩张后,我经历了千载难逢的"啊哈时刻"。我意识到,宣告并履行 QBR 能够从根本上改善任何企业家的企业和生活质量。我决定立刻在自己的企业中实践这套理论(这一部分稍后讨论),并让辛迪·托马森(Cyndi Thomason)也试一试。辛迪·托马森是我近年来一对一辅导的企业家。

如果你读过我的《飙升》(*Surge*),那么你或许还记得辛迪的故事。简单来说,辛迪在我的指引下完成了"飙升"的增长阶段。她逐字逐句地按照我的方法去做,在仅仅几个月里,就从每个月只能获得一条无关紧要的销售线索,变成了每天都能获得一条靠谱的销售线索。她的业务量"飙升"了。现在,她不得不拒绝不断涌入的潜在客户,这是她以前从来没有体验过的。发生在辛迪的企业的变化太了不起了。她的客户质量越来越高,盈利能力也越来越强,但是问题也随之而来。辛迪的工作量屡创新高,这让她压力倍增,每时每刻都非常恐慌。她不停地工作,却依旧难以满足客户需求。

辛迪说话带着阿肯色州口音,听起来非常舒服。她是一个很棒

第三章
第二步：宣告公司的蜂后职能

的演讲者,有点像女版的比尔·克林顿(Bill Clinton)。然而,在她告诉我压力有多大的那一天,她的声音听上去却像正在接受芭芭拉·沃尔特斯(Barbara Walters)①采访的比尔·克林顿,哽咽难鸣。

我问辛迪,她的公司的 QBR 是什么,她没能马上回答我。经过讨论后,她最终决定公司的核心职能是清晰且富有同理心的客户沟通。辛迪说:"我和客户交流时,不论进展是好是坏,我都能找到方法让他们理解当时的状况,使他们找回信心。我能让他们安心。对于我们公司来说,这种沟通方式是让一切工作顺利开展的保证。"

当辛迪没有花时间去和客户沟通,理解客户的忧虑,并为他们讲明解决方案时,公司的收入明显下滑;而当辛迪做了上述工作时,收入则有所增加。因此,辛迪决定把客户沟通作为决定公司成败的关键因素。

就像蜂群的 QBR 是产卵一样,辛迪为公司确立的 QBR 是积极主动的客户沟通。哪项工作决定了企业的成败,哪项工作就是你的 QBR。如果没有办法第一时间想出自己的 QBR,不用担心。稍后,我为你准备了一项超级简单但非常有用的练习,帮你找出 QBR。

我问辛迪:"如果一周工作 40 小时,你在 QBR(与客户沟通)上花了多少时间?"

辛迪沉默了很长一段时间。她沉默不是因为在计算答案,她很快就想到了答案,她只是在盘算这个答案意味着什么。然后,辛迪

---

① 美国著名电视新闻主持人。——译注

对我说：" 大约两个小时吧。"

两个小时！也就是 40 个小时的 5%！辛迪仅仅把 5% 的时间用在企业最重要的职能上。而且老实说，她每周的工作时长绝对不止 40 个小时（你肯定也不止）。换句话说，辛迪花在 QBR 上的时间还不到 5%。而在其余 95% 的时间里，辛迪忙于打理账务、管理员工等，你知道的，都是些日常琐事。虽然雇用了更多的员工，但她的工作并没有变得更轻松，反而强度更大了。辛迪拥有了更多的员工——其实是更多双手——为她工作，但她却陷入了"需要做出每一个决策"的困境里。任何时候，她的工作都是以下这两项：不停地做自己的工作；不停地回答别人的问题。而向她源源不断抛出问题的那些人本应为她分担工作。辛迪的企业就像一个大脑（辛迪的）带着八条手臂（员工的）胡乱地挥舞着。结果就是，业绩增长了，而辛迪的压力也更大了。听起来熟悉吗？

明确了辛迪公司的 QBR 后，我们做出了改变。辛迪只有一个目标，那就是不惜一切地为 QBR 提供保障。她让团队了解到 QBR（客户沟通）有多么重要；她甚至在办公室里竖起了一个巨大的和平标志，以此提醒所有员工：他们的 QBR 是让客户了解工作进度；让客户放心、安心。然后，辛迪把所有非 QBR 的工作交给了助理、员工及外包公司，并把决策权也交了出去。她把工作重心放在了 QBR 上。可是还有最后一个因素让辛迪无法专注于此——她有一个非常难缠的大客户，似乎永远无法满足这个大客户的需求。意识到这一点后，她就把这个客户"炒"了。

第三章
第二步：宣告公司的蜂后职能

三个月后，我向辛迪询问她的近况。"我都不敢相信，"辛迪说，"我们的增长速度创了新高，业务进展得非常顺利。而且你知道吗……"

"快告诉我，姐妹。"

"上周的整个周末，我都在打理花园。"

辛迪非常喜欢园艺，这是她的热情所在。但由于工作压力太大，她放弃了这份爱好。明确 QBR 并公之于众后，辛迪的 4D 模型自然而然地向最佳模型靠拢。如今，辛迪通过明确公司的蜂后职能和一些其他方法（你将在下文中读到），把工作重心放在了精简企业上。她找回了属于自己的周末时光，找回了生活，而企业也在蓬勃发展。

明确并宣告你的蜂后职能：便利贴法

如果从前文的基础指引中，你还无法确定你的 QBR 是什么，那么推荐你使用接下来这个十分好用的方法。即使你已经非常清楚你的 QBR 是什么了，也可以使用这个方法进行验证。便利贴法聚焦于每一个员工为公司所做的最核心的工作。便利贴法可以用于宣告公司的 QBR，也可以用于宣告每一个员工的职能中最核心的任务。如果可以的话，最好以小组形式进行便利贴法的练习。小组练习能促使参与者相互对话，收获重要的感悟。如果你是一支"单人乐队",那也没有问题,我的朋友①。

便利贴将通过演绎推理倒推出 QBR:我们会从员工(包括你)承担的主要任务入手,确定了每一个人的主要职责后,再对这些工作进行分析,并确定哪一项是公司的 QBR。具体的步骤如下:

1. 召集团队成员,再拿几张便利贴。记得多拿几张,毕竟每一个人(包括你)至少需要六张。让成员们把便利贴平铺在桌子上。如果你是一支单人乐队,也可以独自完成练习。接下来的步骤是写给每一位参与者看的。请他们从自身角度出发,按照自己的实际工作情况来完成练习。

2. 在每一张便利贴上,把自己工作中最重要的六件事情写下来。在你为这家公司工作的一天中、一周中、一个月中,甚至一年中,哪六件事情是最重要的?简短一点,不需要写长句子。比如,可以在便利贴上写下"销售"或者"开发票"。

3. 把六张便利贴排成一行,读一读每一张便利贴,并根据你的直接想法来确认上面写的工作就是你为这家公司做的最重要的六件事情。在每一张便利贴的左上角,写下你花在这项工作上的大致时间。

4. 现在假设其中两项工作你再也不能做了。规则是这样的:你将永远无法做这两件事情,也不能把它们赋权或移交给别人。一旦把这两件事情移除,它们就会永远消失(仅仅是从

---

① 原文为西班牙语。——译注

第三章
第二步：宣告公司的蜂后职能

这项练习中消失）。把这两张便利贴拿开，放在看不见的地方。这项练习没有那么容易，但不要气馁，结果会令你大开眼界。

5.剩下四张便利贴上的工作应该是你心中最重要的工作了。看一看剩下的便利贴，想一想有什么办法可以有效地提升这些工作的效益，从而弥补刚才移除两项工作带来的永久损失。然后向大家解释，为什么你会移除那两张便利贴。如果你是独自进行这项练习，那就说给自己听吧。

6.再删去一项工作，规则和之前一样。你必须砍掉一项工作，再也不能做它。把这张便利贴和之前被移除的两张放在一起，然后告诉大家，你为什么拿走这张便利贴，以及为什么让其他便利贴留下来。

7.现在，桌上只剩下三张便利贴了，再去掉一张。重复上面的步骤，想一想你最希望把职业的成功寄托在哪两项工作上。

8.最后一步，你的面前只剩下两张便利贴了。这一次，不需要去掉任何一张，而是选择其中一张。请选择你认为非常重要以至于永远无法移除的工作。你永远不会放弃这项工作；你愿意让这项工作成为决定职业成功与否的关键因素。并向大家解释，为什么这项工作的重要性大于其他所有工作。我把这项工作称为"为钱包而做的工作"，也就是必须完成的工作。你必须不惜一切代价为这项工作保驾护航。在你的工作中，这项工作就是你的主要职责。把这张便利贴放在钱包里，永远不要忘记它，更不要忘记去完成它。主要职责的重要性高于其他所有工作，除非公司的QBR遇到了问题，在这种情况下，你才必须回过头来保障并履行公司的QBR。

9.把练习中的所有便利贴保存起来，包括那些被你移除了的！在接下来的章节中，它们还会派上用场。

首先，让所有员工（包括你）完成这项练习，理清自己的工作——员工在自身能力范围内为企业做的最重要的六件事情是什么？"为钱包而做的工作"是员工认为自己所做的对企业贡献最大的工作。这也是他们所认为的自己的主要职责。而他们承担的最重要的职能仅次于一项工作——保障QBR。

每一个员工宣布了自己的主要职责后，如果和你的认知有出入，那么就说明你们之间存在着沟通问题，或者一致性问题。要么员工没有理解你对他们的期望，要么你没有理解员工的职能。如果出现了不一致的情况，那么请和那位员工一起努力找出原因。

确认了每一个员工的主要职责后，作为公司老板，你需要把他们的最后一张便利贴收集起来。如果公司共有15名员工（包括你在内），那么你的手上应该有15张便利贴。现在，我们将从公司整体角度出发，使用这15张便利贴再做一次练习。你可能会发现，15张便利贴中有些内容会有重复，比如有不止一个员工把销售视作自己的主要职责。在这种情况下，把重复的便利贴贴在一起，只把内容不同的便利贴平铺开来。

第三章
第二步：宣告公司的蜂后职能

请开始移除便利贴，每次移除一半。比如，在去掉了重复的内容后，还剩下12张便利贴，那就移除其中的6张（总数的一半），把它们放到一边。重复这个步骤，直到便利贴数量小于或等于4。如果目前你手上还有6张便利贴，那就再移除一半，也就是3张。把移除的3张放到一边，手上还剩下3张。此时，便利贴的数量小于4了，接下来就开始一张一张地移除。

通常在这时，人们会认为这个"游戏"无法进行下去了。比如，你手上剩下的3张便利贴分别是开发票、交付服务以及直接营销①。你已经无法再移除任何一项，它们似乎都是企业生存的必要因素。开发票是必需的；交付你所承诺的服务也是必需的；营销宣传也一样。我同意，这些工作都必不可少，但问题是你愿意让哪项工作决定企业的成败呢？如果不选择其中一项，你只会持续弱化企业的独特性，削弱其自主运转的能力。

你必须选定一项工作，使它的优先级高于其他所有工作。比如，你永远地移除了开发票这一项，把它放在了一边。问题是，你能否有效地提升市场营销的力度，出色地完成营销工作，让潜在客户在没有收到发票的情况下，也乐意向你提前付款？你的市场营销是否如此出众，让你永远也不需要开发票？你的市场营销是否如此卓越，让你能够把企业的成败托付给它？答案是"那还用说吗！"。每

---

① 通过媒介直接向客户传递营销信息，比如邮件营销、电话营销等。——译注

一天都有初创公司的营销广告向你证明,这是可能的。

当你手上的便利贴小于或等于四张时,接下来请每次只移除一张,直到剩下最后一张。这最后一张就是公司的QBR,也是公司所有人"为钱包而做"的工作。

再告诉你一个找出QBR的小技巧:在大多数小微企业中,老板或者薪资最高的员工做的工作通常就是企业的QBR。一定要记住,QBR不是老板或者员工,而是他们承担的职能。毕竟,我们谈论的是QBR,也就是蜂后职能,重点在于"职能",而不在于蜂后。蜂后这个话题我们会在稍后探讨。

我还要再重复一次,请一定听好了:大部分企业家总会自然地认为自己就是QBR,但是关键在于QBR从来不是一个人,也不是一台机器;QBR永远是一个角色、一个职能或一项任务。所以,你目前或许是履行QBR的人,甚至是唯一一个履行QBR的人,但是这并不意味着你会永远承担这个角色,而且你也不应该永远承担这个角色。

如果企业员工少于或等于五人,那你大概率是QBR的履行者;如果你是个体企业家,那你绝对是履行QBR的人;如果员工数量更多一些,那么公司中能力最强的员工通常是QBR的履行者。

和你分享一下我的朋友杰西·科尔(Jesse Cole)的故事。他是萨凡纳香蕉棒球队(The Savannah Bananas)的一员,而萨凡纳香蕉棒球队毫无争议是各大棒球联赛中——无论是大联盟、小联盟还是大学赛——最杰出的棒球队。然而,这不是因为他们拥有优秀的队

第三章
第二步：宣告公司的蜂后职能

员。实际上，这支队伍由参加过全明星赛的大学生组成，每个赛季都会轮换队员。队员更换得如此频繁，许多球队"粉丝"甚至连一个队员的名字也叫不出来。那为什么这支球队还能表现得如此出色呢？原因在于，他们的QBR不是打出一场精彩的棒球比赛，而是呈现一场精彩的娱乐表演。

杰西是这么对我说的："我们只是在娱乐表演中插入了棒球比赛。"娱乐表演必须给观众带来新鲜感。想一想，如果你连续20个周末都去看孩子踢足球比赛，那得有多崩溃。慢着，我想你已经经历过这种事情了。第一场比赛很有意思，但当你发现他们的比赛永远都是一个样子后，你就会开始在无聊与懊恼之间徘徊。"别在球场上'采菊花'了，快踢那该死的球！踢球，孩子！给我踢球呀！"

杰西很清楚，棒球比足球更无聊。所有人都站在观众席上，只等着某个球员击中球的瞬间。而且，场上还没有你的孩子。于是，杰西把球队的QBR设定为新鲜有趣的娱乐表演。没有什么能永远保有新鲜感，杰西只能不停地构思新的点子，比如后勤人员能在场上表演的疯狂特技，以及观众在休息间隙能够参与的有趣游戏。

去年夏天，杰西邀请我在5000名香蕉粉丝面前进行开局投球。太荣幸了！但是，我投的不是棒球，而是一卷厕纸（致敬我的《厕纸企业家》一书）。观众席沸腾了，多么新鲜有趣又充满傻气的一段表演呀。QBR完成了。对于萨凡纳香蕉队来说，QBR不是由杰西独自完成的，而是由所有娱乐观众的人一起完成的。而在我投掷厕纸开场的那场比赛上，在几秒钟的时间里，他们的QBR由我完成。

◆ ◆ ◆

几年前,我在德国法兰克福的一场晚宴上,遇到了我的朋友克莱德(Clyde)和他的妻子贝蒂娜(Bettina)①。我和克莱德是多年老友,但那天晚上是我第一次见到贝蒂娜。在晚宴中,我了解到贝蒂娜是重症监护室的儿科医师,全美取得此类行医资格及获得专业委员会认可的儿科医师不到1500人。贝蒂娜接受了11年的教育及培训,才走到了今天的位置。

对于大部分企业家来说,11年的高等教育听起来十分漫长,但是你可以把这段时间类比为创业的早期阶段。如果你是一个碰巧读到这本书的员工,那就请把这11年类比为你在刚入行时,花在学习知识、培训技能及理解行业信息上的时间。贝蒂娜为她的职业生涯投入了时间与金钱,你也一样为自己的企业投入了时间与金钱。

和我们一样,贝蒂娜对工作充满了热情。她极度热爱自己的工作,十分乐于为当地情况最危急的儿科病人提供治疗;她喜欢为主治医师进行教学工作,甚至愿意在休息时间做科研。然而唯一的问题是,她知道自己已经没有办法坚持下去了。她从业数年,承担的工作越来越繁重。贝蒂娜知道,能够坚持10年(累计10年)已经算幸运的了。

---

① 出于保护隐私的原因,克莱德和贝蒂娜均为化名,但他们的故事是千真万确的。如果你好奇我为什么给他们取了这两个名字,原因其实很简单。有一次我问他们,最不希望爸妈给自己取什么名字,他们的回答就是克莱德以及贝蒂娜,所以我就用了这两个名字。——原注

第三章
第二步：宣告公司的蜂后职能

想象一下，假如你在轮了 5 天 12 个小时的班后，下一轮排班竟是整整 30 个小时。除了要照顾病人，你还必须接受与职称相关的培训及辅导。你在病例归档等行政工作上要花费 2~3 个小时，还要处理账款及医疗报销的纠纷。轮班结束后，你仍需完成教导实习生等行政管理工作。在这一切结束之后，你竟奇迹般地仍有精力无薪熬夜写论文，不然无法晋升。幸运的话，你将在几年后获得晋升。你已经筋疲力尽，甚至要专门创造一个新的词语，才能表达你有多疲惫。这个词语大概率和"请帮帮我"押韵。

"我热爱我的工作，但在这种高强度之下，我的身心都受不了了。"贝蒂娜告诉我，"我不得不认清一个现实问题——全职执业医师这份工作我干不了一辈子。有许多医师的想法都和我一样。在我工作的医院里，大多数人坚持 10 年就到头了。"

这让我十分震惊。贝蒂娜是受过专业训练的精英医师，而她所接受的训练正是病人所急需的。可是，她却不得不向现实低头。如果这个行业没有重大改变，她是无法继续在这个位置上工作下去的。这个现实同样也让贝蒂娜大为震惊。她正处于人生的黄金时期，却已精疲力竭，心力交瘁。

"你准备好了要比别人多上 11 年的学，但是没有人会告诉你，繁重的工作会给你带去什么影响。我在学医这条路上投入了许多时间和金钱，如今却要面对这样的结果，我非常震惊。可我实在无法兼顾身心健康和如此高强度的工作。我不得不接受这个现实。"

贝蒂娜被迫改变人生计划，而这家医院也失去了他们最优秀的

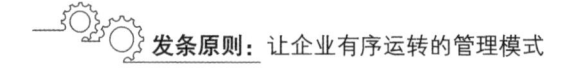

医生之一——他们为医生安排的工作任务（除照顾病人外）多如牛毛，让人无法长期承受。如果贝蒂娜学习了生产力小妙招，压力会变小吗？不，不会的。这家医院交给贝蒂娜的工作任务已有数十项之多，只要她有一点儿"空闲时间"，他们马上就能再找出十多项新任务填满她的空闲时间，比如处理报销纠纷。你能想象吗，你正在接受生死攸关的心脏病手术，而你的医生竟然停下手术，只为去和保险公司的业务员争个明白，告诉他为什么在上一个手术中缝了10针，而不是医保报销范围内的3针。

"别让四分卫忙着发佳得乐。"你听过这句话吗？QBR 太重要了。四分卫有自己的任务，他需要持球冲锋，而不是为队员分发饮料，让他们补充水分。同样地，贝蒂娜不应该把时间耗费在让她无法履行 QBR 的任务上。这一点显而易见，但大家却又对它视而不见。贝蒂娜的首要任务是救人，终极任务是救人，不论什么时候，她的任务都是救人。然而，她却总是忙着"分发佳得乐"。这不仅仅是一种耻辱，更是一种罪过。

不珍视 QBR 也是一种罪过。我会在下一章告诉你，如何确保你和你的团队为你们的四分卫——履行 QBR 的人——赋权，让他能够持球冲锋，一路冲进得分区，再来一段"霍奇鸟队"触地得分后的庆祝舞蹈。

第三章
第二步：宣告公司的蜂后职能

⚙ 发条原则的实际运用

这一章的实操环节只有一个步骤：找出并宣告你的 QBR 以及履行 QBR 的人。

是的，就这么简单。如果团队不大，你或许只需要不到 30 分钟就能完成这个练习；如果团队人员较多，那么你可能需要拿出一天的时间，或者分组进行练习。这个过程非常重要，请一定要完成。公司的成与败在此一举。而且，宣告了 QBR 以后，你就能从杂务中脱身，踏上规划者的道路。总而言之，要想让企业实现自主运转，QBR 是关键。

CLOCK WORK

第四章

第三步：保障并履行QBR

七岁孩子的眼睛里扎进了一块金属碎片,孩子的爸爸是一名接受过专业训练的紧急医疗救护技术员(简称EMT)。他非常清楚,开车前往科德角医院的那22分钟路程并不困难,难的是接下来即将发生的事情:孩子虽然疼痛不堪,但病情并不危及生命,他们肯定需要排队等待接受治疗,而这个等待的过程是漫长而折磨人的。

那是六月温暖的一天,候诊室中人山人海,外面传来了一阵鸣笛声。随着声音越来越响,救护车驶入了医院。爸爸带着呜咽的男孩走进急诊室,做好了在这里度过漫长的一天一夜的准备。

然而,事情的发展出乎他们的意料。

这家医院的急诊室与其说像一个储存容器,倒不如说更像一个忙碌的蜂巢。不到五分钟,男孩就办理好了入院手续,并开始接受治疗。到达急诊室的第14分钟,医生使用特殊磁铁将金属碎片取出,并对男孩的眼睛进行了仔细检查,确保不会遗留下永久性损伤。第19分钟,最后一项检查完成,医生给男孩开了一些泰勒诺止疼药,男孩可以回家了。出发前往医院的一个小时后,爸爸领着儿子走进了度假别墅的大门。一切顺利，假期重启。

就在同一天，在距离科德角256英里①之外的布鲁克林，两名EMT将一位患有严重精神病、躁动不安的49岁女性送到了金斯县医疗中心。候诊室中人山人海。5分钟后，这位女士坐在了急诊室候诊区的椅子上。到达候诊室的第14分钟，这位女士仍在等待。第19分钟，她依然在等待。1个小时，4个小时，8个小时，10个小时，这位病人仍旧在等待，在同一把椅子上等待。24小时后，她倒在了候诊室的地板上，离开了人世。

那一天是2008年6月18日。那个在急诊室里待了不到一个小时就回家了的小男孩是我的侄子多里安（Dorian）；那位在急诊室等待了整整一天后不幸去世的女士名叫埃斯敏·格林（Esmin Green）。她的死因是肺血栓栓塞症——形成于腿部的血栓通过血液进入了肺部。为什么格林女士的腿部会形成血栓呢？法医的结论是，格林女士因缺乏肢体活动而引发了下肢深静脉血栓。也就是说，她坐的时间太长了，长达24个小时。多里安奔跑在沙滩上，眼睛逐渐康复，科德角医院急诊室一小时游的记忆已慢慢淡去；而与此同时，格林女士仍在等待治疗——划掉重写——她迫切地需要治疗，直至死去。

当我得知，埃斯敏·格林和我的侄子在同一天被送入急诊室，却经历了完全不同的悲惨遭遇后，我就想一定要把这个故事分享给

---

① 约412千米。——译注

第四章
第三步:保障并履行 QBR

你。如果你读过我的其他书,或者听过我的演讲,那么你应该知道,我通常不会讲述这类型的故事。这个故事太沉重了,没有笑话能打破这份沉重。制度是一个严肃的问题。制度奏效时,会带来自由;制度失效时,则会造成致命后果。

第一次听说这两起发生在同一天的事件时,我觉得并不合理。科德角的人口少于布鲁克林;科德角的医疗设备也不如金斯县(确实不如)。然而,警方给出的格林女士的死亡报告[①]揭露了许多信息。金斯县医院的接诊制度及问责制度无比糟糕。毋庸置疑,在这两起结果迥异的事件中,医院的制度起到了至关重要的作用。一家医院知道如何让病人快速地进入治疗流程,而另一家医院并不知道。或者说,他们知道,只是没有这么做。

在 2008 年那悲剧的一天中,金斯县医疗中心到底在哪一个环节出了差错?他们或许会说,候诊室中的病人太多了。但是那一天,科德角医院候诊室中的病人也非常多。他们或许会说,他们所做的一切都没有违反规章制度。但我敢肯定地说,金斯县医院出了问题,而科德角医院让病人顺利出院,这背后的原因在于一家医院保障了 QBR,而另一家医院根本不知道 QBR 为何物。科德角医院清楚地知道他们的 QBR 是什么——虽然叫法可能不一样——并竭尽所能为 QBR 提供保障。金斯县医院可能不知道什么是 QBR,也

[①] www1. nyc. gov/assets/doi/downloads/pdf/pr_esmingreen_finalrpt. pdf——原注

可能并不关心。如果不知道（或不关心）QBR，就不可能积极主动地保障 QBR。

急诊室的 QBR，大概率是诊断紧急医疗事故并制定合理的行动方案。这样的任务只有医生才能履行（有的时候，医师助理也可以）。所以，只有当医生有时间接诊病人时，急诊室中的病人的问题才能得到解决。如果医生没有空闲时间，病人就不得不在候诊室中一等再等，而候诊室的唯一目的就是让人们能够等待更长的时间。欢迎来到"候诊室炼狱"，在这里，所有关于组织效率的美好愿望都会消亡。但是，如果 QBR 被充分履行，急诊室中的所有元素就会流动起来：病人一个又一个地接受了相应治疗，候诊室不再人山人海。而这一切的前提是，QBR 得到守护，履行 QBR 的人（们）获得保障。

运营得当的急诊室应该确保履行 QBR 的医生除了诊断医疗问题、给出治疗方案，什么事情也不做，这样才能保障 QBR。如果一个医生忙于填写表格、管理员工，或者无所事事地等待病患被分配病房，那么这个医生是缺乏保障的，QBR 也是缺乏保障的。缺乏保障的 QBR 会导致严重后果。医院就像一个高效的蜂巢，后勤人员必须确保 QBR 在持续不停地运转，同时确保其他一切事务——不论大或小，不论重要或不重要，不论紧急或不紧急——都由除医生以外的人员完成。

有的时候，运营企业会让你觉得徘徊在生死边缘，尤其是在超负荷工作、压力极大、身心俱疲的时候。而有的时候，你面临的确实是一个生死攸关的状况——悲剧会发生在各行各业中。这是真的，

第四章

第三步:保障并履行 QBR

虽然大部分人不会在企业中遇到急诊室级别的事故。周末无休、客户苛刻、员工事无大小都要征询我们的意见——这些是我们每天需要处理的事故。虽然不需要担心公司的业务会导致突发死亡事件,但是我们承受的无情压力确实会导致慢性死亡。这是一种缓慢的、侵蚀灵魂的死亡:我们对企业的热情死了;我们的自驱力死了;我们的快乐死了。但是,所有企业都能轻松改变这一切。上文的两家医院造成了迥异的后果,这不是因为他们的业务领域不同;而是因为,一家医院明白如何达到最高效率,而另一家不明白。

这就是为什么,一旦明确了 QBR,团队中的每一个人都必须优先保障 QBR,让 QBR 得到充分履行。只有在完成了这一点后,他们才能把工作重心放在自己的主要职责上。

你和团队成员的首要目标是保障 QBR,让 QBR 在免受干扰的情况下驱动企业前进,就是这么简单。这就是你的首要目标。光是这一件事情,就能让你的企业光速发展,实现组织效率。永远要记得保障 QBR。

在这一章中,你会了解如何制定 QBR 的保障计划。不需要在第一天就把计划做得十全十美,只需要动手去做,并观察这份计划带来了哪些影响,就足以形成良好的发展趋势。随着你和团队开始致力于为 QBR 提供保障,你们的 4D 模型也会自然而然地向目标靠拢。

各就各位

通常来说,在这时我会用另一种方法再为你解释一遍理论,或者介绍一个新的概念。但是现在我想再和你分享一个故事。萨凡纳有一家威尔克夫人餐厅(Mrs. Wilkes' Dining Room)。这家餐厅的美国南部家常菜大概是佐治亚州,甚至是世界上最好吃的。晚上,在去看萨凡纳香蕉队的比赛之前,到威尔克夫人餐厅先吃上一顿,这再好不过了。这家餐厅有多好吃呢?我给你打个比方:就好比世界上最会做饭的20多个奶奶,她们满腔热忱地烹煮了家里人最喜欢吃的菜,但没有把菜肴端上家里的饭桌,而是骑着小摩托把美食送到了萨凡纳的这家餐厅。就有这么好吃。

1943年,塞玛·威尔克(Sema Wilke)夫人在萨凡纳老城区盘下了一栋公寓楼,立志在这里打造出当地最好吃的南部菜餐厅。她的QBR非常明确:做出无比美味的食物。结果显而易见。这家餐厅排队一个半小时到两个小时是很常见的。在餐厅开门前,人们就会提前好几个小时去排队。不仅在周末或假期是这样,每天都是如此。

餐厅员工的工作是保障并履行QBR,你的员工也应该这么做。每一个员工不是在直接履行QBR,就是在保障QBR。后厨中的主厨及厨师团队会收集当地最好最新鲜的原材料,他们在直接地履行QBR,其余员工则在保障QBR。服务人员会确保你在入座时,你的

第四章
第三步：保障并履行 QBR

食物已经准备完成。实际上，他们甚至会在你入座之前，就把食物摆在桌上。为了防止食物变凉，保证口感新鲜，他们的上菜速度非常快。如果哪一桌的服务员上菜慢了，另一桌的服务员会前来补救。每一个员工都明白，餐厅的好名声从何而来。他们的任务就是保证食物的品质是顶尖的。每一个员工的工作是，确保企业的核心职能得到保障；每一个员工都在以不同的方式，为保障 QBR 贡献一份力量——或是完成后勤工作，或是在必要时挺身而出，或是两者兼而有之。

这里的服务员洋溢着南部的热情，餐厅朴素无华却一尘不染，很有家的感觉。来这里吃饭要做好和陌生人一起用餐的准备，因为你一定会被安排在一张 10 人大桌上，和别人拼桌。吃完饭后，你还要自己把盘子端到厨房。美味的食物、出色的服务、愉快的体验，这一切都是让威尔克夫人餐厅在餐饮行业中立足的必要因素，而 QBR 则是让它从众多餐厅中脱颖而出的重要因素。如果没有了美味的食物，这家餐厅也不过是个噱头罢了。

2001 年，塞玛·威尔克去世。现在，她的孙女运营着这家餐厅。孙女与当地农场主保持着牢固的合作关系，保证了餐厅原材料的顶级品质。她知道，餐厅成功的关键在于履行 QBR，而不在于塞玛。认识塞玛、热爱塞玛的人，他们都深切地怀念着她；但与此同时，餐厅团队从未停下履行 QBR 的步伐。如果厨房在备菜时需要帮助，前厅的某位员工会马上承担起这项任务。所有员工都会参与备菜环节，如果出现了任何问题，他们就会给出反馈，比如鸡肉是不是有一点儿干?即使一道菜距离完美只差一点点,前厅员工也会立刻把意见告知厨房,虽然这种情况几乎从来没有发生过,但可能性是存在的。餐厅团队知道,食物(QBR)就是一切。

保障 QBR,履行 QBR,将其视为能够左右你人生的存在。这样的话,你的企业就会成为客户的"必选项",就像威尔克夫人餐厅是"吃货"必打卡的餐厅一样。人们从世界各地前往这家餐厅,并对它赞不绝口。如果你还不知道的话,我想告诉你威尔克夫人餐厅只在周一至周五营业,每天只营业三个小时,但依旧人满为患,天天如此。

练习:中心与辐条

如果你到现在还没有明白 QBR 的重要性,那么在你的公司中,负责履行 QBR 的人大概率把多数时间都用在了其他工作上,而唯独没有履行 QBR。同样地,其余员工大概也把多数时间都用在了其他事情上,而他们本可以用这些时间来保障 QBR,履行自己的主要职责。虽然这些员工不是故意的,但他们这么做,很可能会拖 QBR 及主要职责的后腿。

通过这项简单的练习,你和团队将能清晰地意识到,你们在履行与保障 QBR、完成主要职责上花了多少精力,又被其他任务分去了多少精力。此外,你们还能得知,哪些任务是 QBR 履行者需要移交的,哪些任务需要实现自动化,还有哪些任务需要丢弃。

第四章
第三步：保障并履行 QBR

为了更好地掌握这项练习，请你先自己做一次。然后，让每一个正在、或应该履行 QBR 的员工完成练习（你或许就是其中之一）。最后，让剩下的员工完成练习（这一部分员工的纸张中间写的是他们的主要职责）。这项练习不仅有趣，而且会让你大开眼界，具体步骤如下：

1. 在一张白纸中间写下 QBR，画一个圈把它圈起来，就像靶心一样。还记得我们在上一章中使用便利贴法来明确 QBR 吗？你完成了那项练习，对吗？如果没有，请立刻回到上一章完成它。我会等你的。

2. 看一看你写的另外五张便利贴——那些没能成为 QBR 的便利贴，以及你在任意一周中花在这些任务上的时间。在第二章，我们完成了时间分析。你可以从分析表格中找出每项任务花费的时间。评估这五项任务的时间，了解它们的比例。接下来，我们将以 QBR 为中心，在它的周围画出向外辐射的辐条。辐条的长度代表该项任务占据的时间的长度。

3. 画出中心与辐条图。把 QBR 放在中心，把非 QBR 任务放在中心周围的方格里。每一项任务与 QBR 的距离（辐条）就

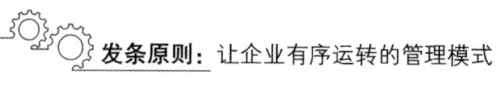

代表该任务花费的时间。比如说，一项任务每周耗费 10 个小时，另一项任务每周耗费两个小时，那么前者辐条的长度就是后者的五倍。

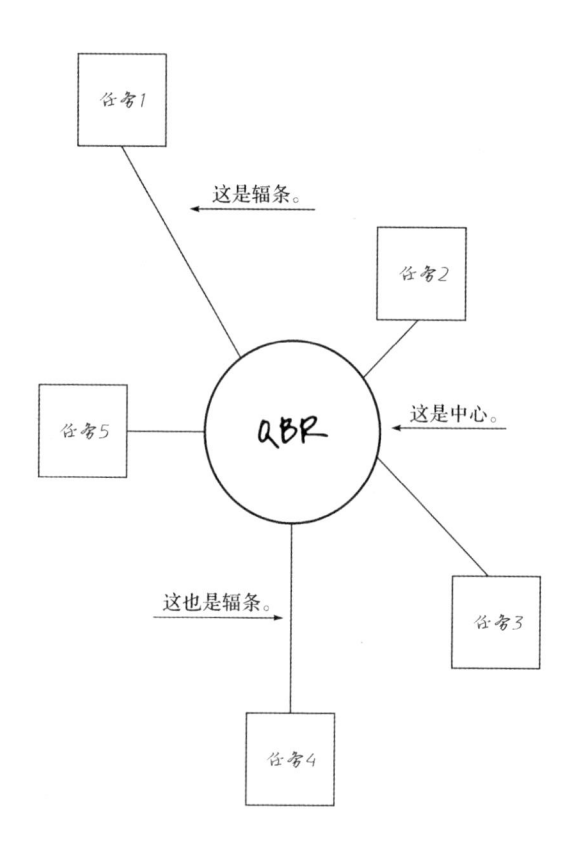

```
            任务1
             □
              \
               \  ← 这是辐条。
                \
                          任务2
                           □
                          /
                         /
    任务5          ┌─────┐
      □──────────│ QBR │  ← 这是中心。
                  └─────┘
                         \
                          \
               → 这也是辐条。\
                             □
                           任务3
              □
            任务4
```

在中心与辐条图的旁边，把一周中的其他所有任务都列出来。看一看时间分析表，就能轻松地知道自己都做了什么，比如回复邮件、拨打销售电话、与员工开会、回答问题、寄送账单、打扫办公室、回复更多的邮件……把这些任务都写下来。不需要

第四章
第三步：保障并履行 QBR

巨细无遗，把能想到的写下来就可以了，也不需要太过详细，最多列出十项还未体现在中心与辐条图中的任务。如果没什么可写的，那也没有关系。

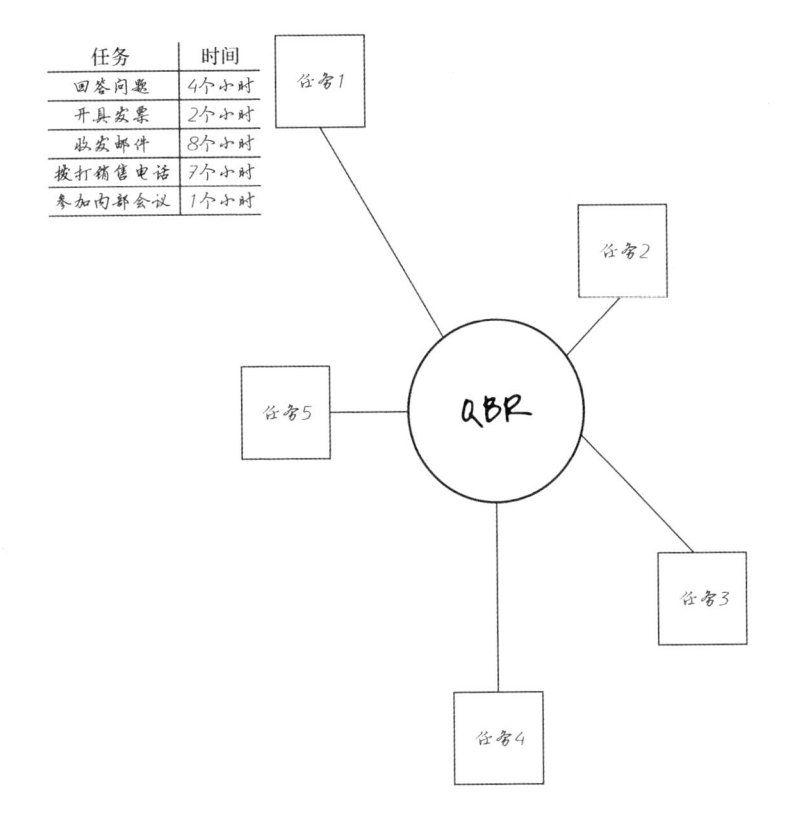

任务	时间
回答问题	4个小时
开具发票	2个小时
收发邮件	8个小时
拨打销售电话	7个小时
参加内部会议	1个小时

（中心与辐条图：中心为 QBR，辐条连接任务1、任务2、任务3、任务4、任务5）

4. 把你在一周内花费在这些任务上的时间写下来，可以参考时间分析表。

5. 把列表中的任务也加到中心与辐条图里。看一看你的图表（可参考第103页的例子），可能有的辐条长，有的辐条短，并不平衡。辐条是一个很好的视觉工具，它能让你直观地知道这些任务把你带到了距离QBR多么遥远的地方。你看到了吗？你痛心吗？

6.丢弃、移交或修改删减。从距离QBR最远的任务入手，你要决定是丢弃它、把它移交给别人（赋权），还是对它进行修改删减。比如，你每天会发送日报邮件，但好像没有人会阅读（或需要）这封邮件，那么你就可以丢弃这项任务；你可以把社交媒体的管理工作移交给专业的自由兼职人员；把"介绍性的免费咨询服务"从一个小时减少至30分钟。

回答问题是一个常见的可修改删减及可移交的工作。大部分企业总有20～30个需要反复回答的客户问题。把回答问题的责任分配（移交）给某个员工，并赋权他列出所有的常见问题。这样，当问题再次出现时，就不再需要一一回答了。或者创建一封自动回复邮件，可以这么写："感谢垂询，许多人与您有着同样的问题，因此我们列出了30个常见问题为您解答疑问，请点击这里查看。"

不论你把这些必要但令人分心的任务移交给团队成员还是自由兼职人员，这个人都是在保障QBR。他处理了这些工作，确保它们不占用你的时间。此外，你把一项任务移交别人后，他就成为这项任务的主人翁，可以自行修改删减任务（你可能需要向他传授一些自己的策略和经验）。越早把这些工作移交给别人，你就能越快地把更多时间投入到QBR上。有一些

第四章
第三步：保障并履行 QBR

任务可能只有你能胜任，因此不得不亲自完成。但是你要找到方法，减少花在那些任务上的时间。这就是修改删减任务的意义所在。

在短期内，有的任务或许只有你能胜任，必须由你完成；有的任务或许是 QBR 的应急预案，必须和 QBR 放在一起（暂时而言）。举个例子，某个正在进行的项目的合同规定，你是客户

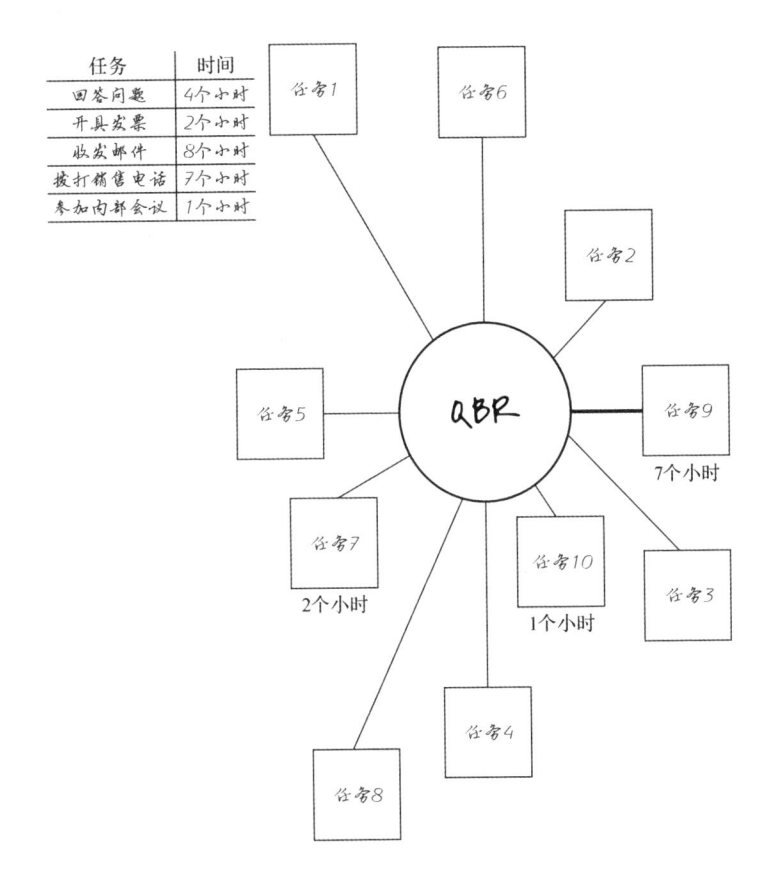

任务	时间
回答问题	4个小时
开具发票	2个小时
收发邮件	8个小时
拨打销售电话	7个小时
参加内部会议	1个小时

（QBR 为中心，周围连接任务1、任务2、任务3、任务4、任务5、任务6、任务7（2个小时）、任务8、任务9（7个小时）、任务10（1个小时））

的对接人。那么,你就必须先完成此次项目。在日后的其他项目的合同中,可以再把对接工作移交给团队成员。如果是这种情况,请把该项任务与 QBR 的连接线加粗。

7.在中心与辐条图上,把可丢弃的任务划掉,并立即停止这些任务;在可移交的任务的辐条上画上箭头,表示这些任务会立刻离开你的职责范围。同时,请花时间把这些任务赋权出

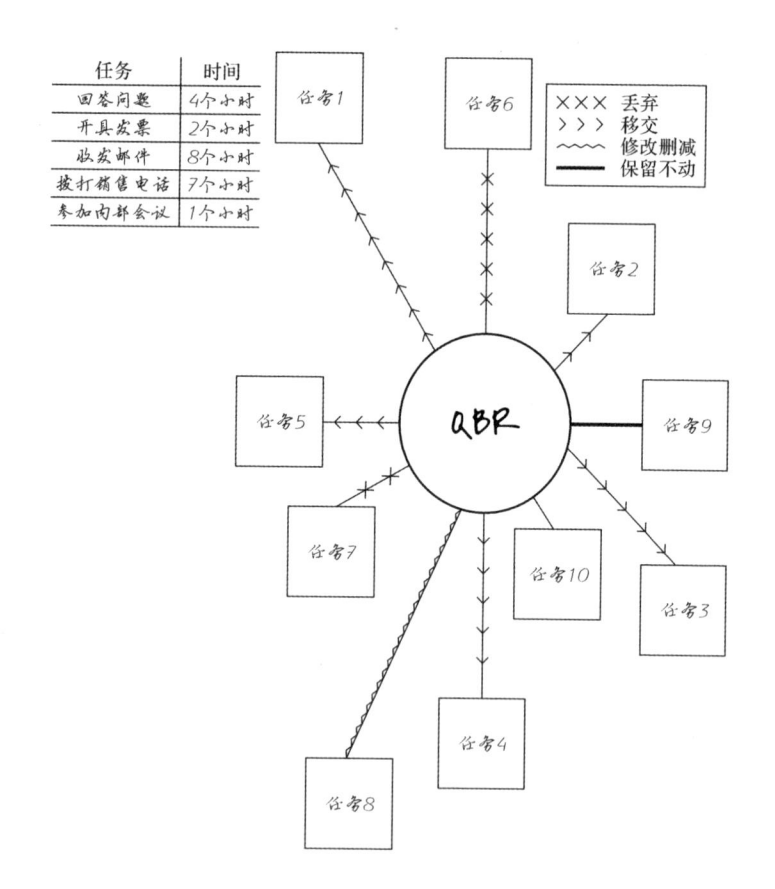

任务	时间
回答问题	4个小时
开具发票	2个小时
收发邮件	8个小时
接打销售电话	7个小时
参加内部会议	1个小时

××× 丢弃
＞＞＞ 移交
～～～ 修改删减
━━━ 保留不动

第四章
第三步:保障并履行 QBR

去;并在剩下的任务中找出可修改删减的任务,在它们的辐条上画上波浪线(表示你暂时仍需亲自完成这些任务,但可以更高效地完成它们);把一定需要你亲自完成的任务的辐条加粗(除了 QBR)。

就目前来说,你或许还要继续完成粗线任务及波浪线任务。但是,如果想让企业在你不在的时候自主运转,这种情况是无法长期持续的。最终,我们甚至会把 QBR 也从你的职责范围内移除(我们的目标是把你从执行者转型为规划者,还记得吗?)。不过,现在时机还未成熟。

8. 借助中心与辐条模型不断理清工作,让自己离 QBR 越来越近。你需要尽可能地对任务进行丢弃、移交或修改删减。通过这个练习节省的时间,都应该立即用于进一步地履行 QBR。使用了这个方法后,你会发现 QBR 的效率提升会显著地带动整体业务的效率提升。

请前往 Clockwork.life,观看中心与辐条法的实操视频。

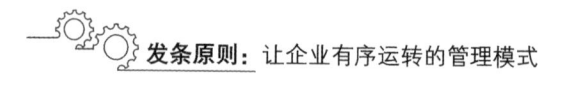

任务	时间
~~回答问题~~	~~4个小时~~
~~开具发票~~	~~2个小时~~
~~收发邮件~~	~~8个小时~~
拨打销售电话	7个小时
参加内部会议	1个小时

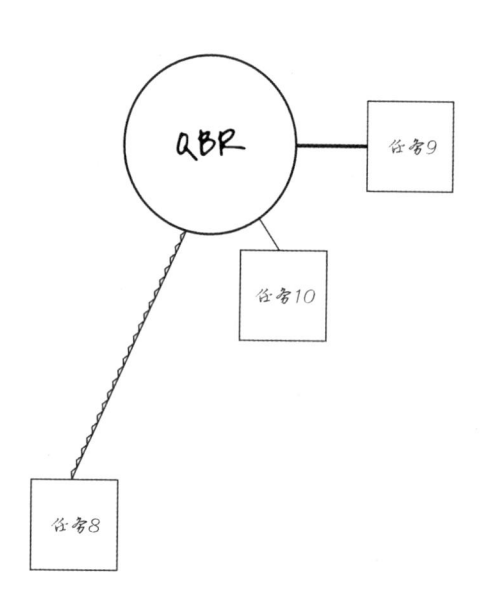

（中心：QBR；辐条：任务9、任务10、任务8）

根据自己的工作完成了中心与辐条练习后，请把这项练习推广至全公司，让员工也能对他们的所有任务进行丢弃、移交及修改删减。第三章中的便利贴可作为这项练习的起始点。通过丢弃、移交及修改删减法，确保每一个员工都能把最多的时间用在最能对企业产生影响的工作上。

第四章
第三步：保障并履行 QBR

我该丢弃、移交及修改删减哪些工作？

进行这项练习时，如果遇到了一项可移交的任务，但是却没有人可以移交，那该怎么办？这种情况往往表明你该招人了。

在把工作移交出去，从而保障 QBR 及主要职责时，你会发现技术要求低的任务通常会被首先移交。这种情况非常典型，并意味着你可以雇用酬金更便宜的员工、兼职员工或者自由职业者来完成这些任务。我们的目标是，在企业中只保留少数几个高酬金但能力强的团队成员，让他们把绝大部分的工作重心放在技术要求最高的工作上；同时，把其他所有必要但简单、技术要求低的重复性工作移交出去。这就是一家精简的高效企业了。这也正是丢弃、移交及修改删减法能为你带来的效果。现在就赶紧动起来，把这个方法运用到你的企业中吧。

首先，评估任务，确认能否丢弃。这项任务是否服务于企业的必要目标？这项任务是否为客户和团队带来了可衡量的价值？你会发现企业中有许多任务都不是必要的。实际上，有许多任务或许曾经是必要的，但如今已不再拥有相同的价值，却仍旧存在于企业中，只因"我们以前就是这么做的"。请丢弃非必要的任务，如果不确定这些任务是否非必要，那就暂停这些任务一段时间，看看是否会造成负面后果。如果没有负面后果，那么就意味着这些任务不必要，把它们丢掉吧。

下一步，把任务移交给其他人或其他公司，让你和你的专业团队负担起更重要、更具有挑战性的任务。把任务移交给最便宜的人力，并赋权任务的新主人（们），让他们更高效地达成预期的结果。换句话说，让他们对任务进行修改删减。

接下来，评估那些必须由你来完成的任务，看看该如何修改删减它们。问问自己：我可以找到更快、更简便的方法完成这项任务吗？我可以降低这项任务的材料成本和时间成本吗？就算一项任务无法被丢弃或移交，它通常也是可以被修改删减的。接下来，就请和我一起寻找方法，以更少的时间和成本完成该项任务，并达成必要的结果。

中心与辐条的实际运用

现在，让我来领着你完成一次中心与辐条练习。假设我们是一家售卖地球上最酷的牛仔裤的电商，就叫酷豆牛仔裤有限责任公司吧。通过便利贴法，我们把"设计出地球上最酷的牛仔裤"确定为公司的QBR，这个职能决定了公司的成败。请记住，一旦宣布了QBR后，我们的目标就是充分地履行它、保障它。怎么做到这两点呢？我们需要建立相应的制度，让履行QBR的员工无需完成除QBR外的任何工作，永远把QBR放在首位。在白纸中间，写下QBR，并用圆圈圈起来，

第四章

第三步：保障并履行 QBR

这就是中心。对于酷豆牛仔裤来说，QBR 是"令人惊艳的设计"。

（令人惊艳的设计）

1. 把目前正在履行 QBR 的人员名单列出来，包括全职员工和兼职员工，以及那些本应履行 QBR 但却几乎未把时间花在这上面的员工。接下来，我们要分析团队中的每一个成员。每个人都要完成便利贴练习，然后拿出一张白纸，把 QBR 写在中间。

在这个例子中，"前嘻哈歌手虎背胖爹"①是酷豆牛仔裤的创始人及首席创意设计师，他也是公司唯一的设计师。（在你的公司里，你的职能可能和胖爹一样，也可能承担的是其他职能。）公司里还有其他四名员工，但胖爹是唯一的牛仔裤设计师。

2. 在酷豆牛仔裤公司，只有一个人履行着 QBR。但是通常来说，QBR 履行者会是一群人，甚至是一台机器或者电脑。在白纸顶端写下这个人或物的名称。在这个例子中，白纸顶端写

---

① 如果你订阅了《绝对利润》的播客节目，首先我要谢谢你，然后你或许还记得鲁比·塔恩（Ruby Tan）管我叫虎背胖爹的那一集。我觉得我这个新的嘻哈名字可真不错，或许应该以这个名字建立一个网站，就叫 FatDaddyFatBack.com。而且我或许还能——只是或许——成为埃米纳姆（Eminem）第二哦。——原注

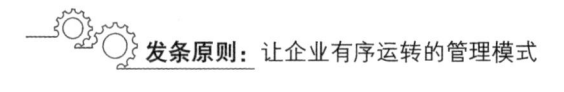

的是虎背胖爹。

3.我们假设,胖爹(他姓虎背名胖爹,胖爹是他的名)已经完成了便利贴练习,他把除QBR外的五项任务写在了中心的周围,作为辐条。

4.然后,胖爹又把他承担的其他任务列了出来。这对他来说有些困难。他从来都只做工作,却不思考正在做的是什么。他尽了最大努力,凭借记忆列出了一些任务。稍后,他或许会做一次时间分析(你也可以做一下)。他列出的任务如下:

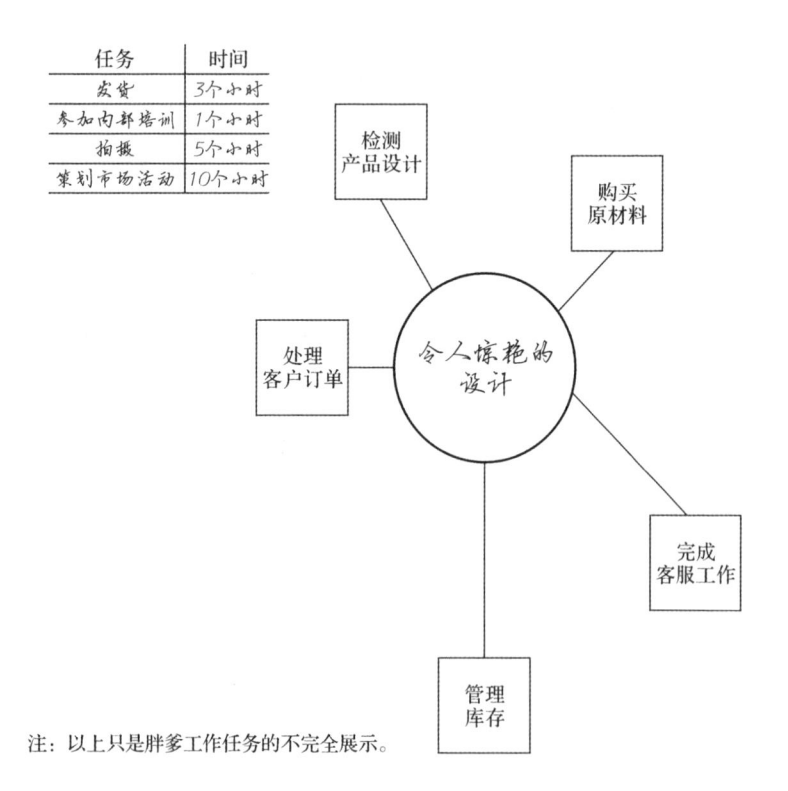

任务	时间
发货	3个小时
参加内部培训	1个小时
拍摄	5个小时
策划市场活动	10个小时

中心:令人惊艳的设计

辐条:检测产品设计、购买原材料、处理客户订单、完成客服工作、管理库存

注:以上只是胖爹工作任务的不完全展示。

第四章
第三步:保障并履行QBR

5. 胖爹每周工作65个小时,其中大约5个小时用于履行QBR。换句话说,胖爹每周有5个小时在提升企业(设计令人惊艳的牛仔裤),而另外60个小时都在做拖企业后腿的事情(没有在设计令人惊艳的牛仔裤)。这实在难以置信。胖爹认为所有的事情都同等重要,但这是不对的。QBR以外的工作是必要的(或许吧),但不是关键的,所有这些任务必须排在

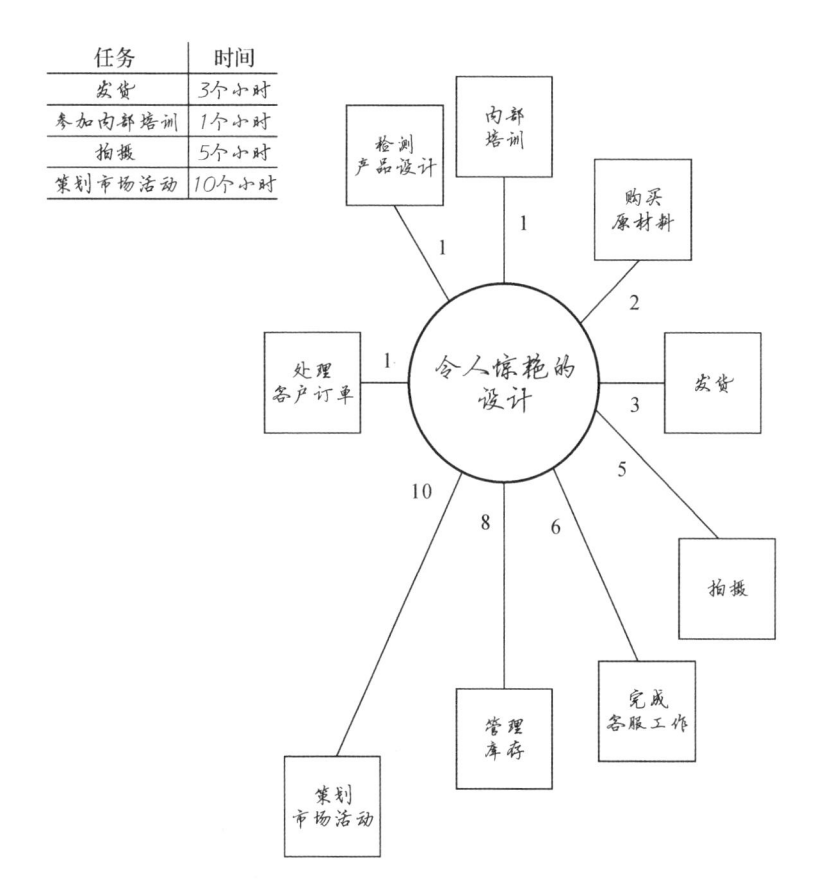

任务	时间
发货	3个小时
参加内部培训	1个小时
拍摄	5个小时
策划市场活动	10个小时

QBR之后。为了实现这一点,我们将依次对每一项任务进行丢弃、移交或者修改删减,让它们不再占用胖爹的时间。为了更直观一些,胖爹画了一幅中心与辐条图,辐条的长度代表他在每一项任务上花费的时间。在辐条旁边,胖爹写下了该任务与QBR的距离,代表了花费的时间(单位:小时)。

6.胖爹先分析了距离QBR最远的任务。如果这项任务可以被轻松地赋权出去,或者至少可以被还算轻松地赋权出去,那么胖爹就会从该项任务入手,把它赋权给其他员工。胖爹的目标是,在这场赋权游戏中快速地获得胜利。所以,应该从最容易赋权、且能对QBR产生最大影响的任务开始。胖爹在这些被移交出去的任务的辐条上画了箭头,然后把它们永久地分配了出去。他还意识到,自己做的一些工作完全没有必要。他马上就从图表上划掉了这些工作,丢弃了它们。

7.距离QBR最遥远的任务是策划市场活动,于是这成为第一项被移交的任务。他知道,接手这项任务的完美人选是齐尔·阿克斯尼尔博德(Zil Aksnirbod)[①]。齐尔热爱市场营销工作,她知道消费者的喜好。是时候赋权了。赋权后,胖爹每周

[①] 10多年前,在我成为作家后,我曾有过一个市场团队,团队里只有一个人,她的名字叫利兹·多布林斯卡(Liz Dobrinska)。她十分出色,我对她的评价非常高。眼神犀利的读者或许看出来了,虎背胖爹团队中的最佳市场营销人员名叫齐尔·阿克斯尼尔博德(Zil Aksnirbod),正是倒着拼的Liz Dobrinska。哇!这简直是一本福尔摩斯小说,到处都隐藏着神秘线索。——原注

第四章
第三步：保障并履行 QBR

就能多出 10 个小时来履行 QBR，也就是设计令人惊艳的牛仔裤。胖爹在这项任务上画了一个箭头，把工作交接给了齐尔，让她赶紧上手。

8.胖爹把这份图表钉在了办公桌旁。他在为齐尔讲解新任务时，向她明确了市场活动会如何影响 QBR；以及她最重要的工作是确保胖爹能把注意力集中在 QBR 上，毕竟 QBR 是发展企业的秘密武器。胖爹开始把更多时间用在 QBR 上，齐尔的主要职责也变成了充分履行市场营销的职能。虽然齐尔会在员工会议上向胖爹汇报最新进展，但她需要自行做出决策，把牛仔裤推向市场。

9.胖爹意识到亲自发货并不是省钱的好方法。这就好比让一个医生跑前跑后地完成办公室的文件归档工作，相当于把昂贵的资源（指胖爹）用在了廉价的工作上。这是一个很明显的信号，说明 QBR 没有得到保障。不论什么时候，只要有昂贵的资源被用在了廉价的工作上，那企业肯定处于不平衡的状态。请立刻把这些工作移交出去。即使你是一家只有一个员工的微型企业，也请尽快把廉价工作移交出去，把精力放在更宏大、更有影响力的工作上。可以招聘兼职助理、实习生，或者把退休的爸爸妈妈找过来，让他们帮帮忙。以最快的速度找人帮忙就对了。你做廉价工作的时间越长，企业困在低效中的时间就越长，企业也就无法扩张。

(1)胖爹做了一个简单的价值分析。像他这样世界级别的设计一年可以轻松赚 15 万美元。假设他一年工作 2000 小时,15 万美元除以 2000 小时,时薪就是 75 美元。胖爹每小时可以发出 10 单货品,也就是说,公司需要为发出的每单货品额外支付 7.5 美元(胖爹发出一单货品的时间成本)。如果招一个时薪 10 美元的实习生,每单货品的发货成本就降到了 1 美元。更棒的是,胖爹每周多出了 3 小时可以用于完成 QBR。这个实习生招定了!

(2)亲自拍摄产品图片似乎可以省下不少钱。胖爹每周在拍摄上花费 5 个小时。他的时薪是 75 美元,而世界级别的摄影师每小时收取 150 美元。从时薪来算,胖爹是更便宜的选择。但是,我们还应该考虑其他因素,想得更多一点儿。一个专业摄影师可以在两小时内完成所有工作,打光不会出现问题,照片马上就可以发布到网站上。聘请摄影师的总费用更便宜,成片效果也更好;更重要的是,胖爹又多了 5 个小时的 QBR 时间。这还用想吗?

第四章
第三步：保障并履行 QBR

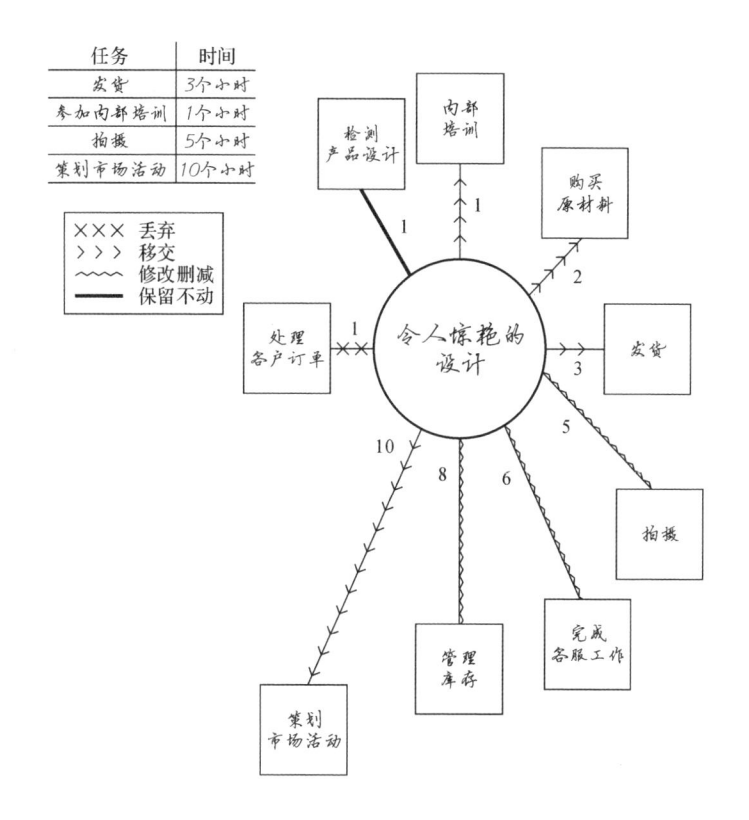

任务	时间
发货	3个小时
参加内部培训	1个小时
拍摄	5个小时
策划市场活动	10个小时

××× 丢弃
＞＞＞ 移交
～～～ 修改删减
▬▬▬ 保留不动

10. 胖爹明确了有一项任务是他必须做的。这项任务所需的技能难以培训，他不得不亲自上阵（就目前来说）。他认为自己必须履行检测产品设计的职能，因为检测结果会影响牛仔裤的设计（QBR）。所以，除了 QBR，唯一一项"仅属于我"的任务就是检测产品设计。胖爹把这项任务的辐条加粗了，表示这项任务暂时仍需由自己完成。从现在开始，他的工作就是履行 QBR 以及这一项任务。其余的任务都已经赋权给其他人，或者被丢弃了。

11. 任务被移交出去后，胖爹就会把它们从图表中划掉，腾出更多可用于 QBR 的时间。虽然这个过程需要一点儿时间，但胖爹有了越来越多的时间可用于设计令人惊艳的牛仔裤。他的产品非常酷炫，明星都抢着穿，人们都为之而疯狂，企业也因此大步向前。

当你是唯一的 QBR 履行者

如果你是唯一的 QBR 履行者，那该怎么办？目标很简单，找别人来履行 QBR。

还记得辛迪·托马森的故事吗？辛迪遵循飙升法则，在细分市场中实现了快速增长。但企业增长速度之快，让她倍感压力，疲惫不堪。供不应求（无法立刻满足需求）是一个令人开心的问题，但同时也让人筋疲力尽。我和她一起完成了便利贴练习，她把 QBR 确定为客户沟通。她画出了中心与辐条图，移除了占用她时间、使她无法履行 QBR 的任务。然后，她立刻让团队开始履行 QBR，使自己彻底脱身。

辛迪定义了什么是好的客户沟通，并确定了沟通频率及质量的衡量标准。做完这些后，她开始把 QBR 任务分派给员工。员工知道，他们必须保障 QBR。而且，身为 QBR 的履行者，他们还制定了

第四章
第三步：保障并履行 QBR

一条简单的规矩：即使数项任务都需要占用时间和精力，也永远把 QBR 放在第一位。

辛迪的工作量大幅下降，公司的效率大幅提升。这听起来或许很反常。但当你把精力放在 QBR 上后，你也会经历相同的事情。让我再重复一次：辛迪的工作量大幅下降，而公司的效率却如冲天火箭般飞升。轰！

有的时候，你必须卸下 QBR 履行者的角色。举个例子，生命力水疗中心的 QBR 是研发尖端技术，让病人的外貌和自我感觉都保持年轻、健康，充满活力。这个 QBR 或许显而易见，或许不是。他们的客户群体热衷于大型的手术，比如减肥手术、整形手术、肉毒杆菌注射以及一些私密治疗。不少疗法都相当复杂，必须保证手术过程完美无缺。生命力水疗中心的创始人莫妮克·希克斯（Monique Hicks）为团队赋权，让他们从多方面保障及履行 QBR。她还有一招"独门绝技"，稍后我们会深入探讨。

2017 年秋天，我在和莫妮克第一次见面时，就被她的成就震惊了。她一手把生命力医疗水疗发展成价值超过 300 万美元的企业，同时她还独自抚养着一个女儿。她向我讲述了自己在创业的头三年是如何把所有精力都用在 QBR 上的。那个时候，莫妮克埋头研究各种疗法，与客户保持着密切沟通，确保整个体验完美无瑕。出了问题时，她就会像超级英雄一样飞身救场。她亲自完成了所有工作，以保障并履行 QBR。

莫妮克告诉我："有一天我清楚地意识到，这家企业完完全全依赖于我。客人在我们这里收获的，完全是我所投入的精力与努力。我发现自己的状态有多好，企业的状态就有多好。这非常累人，企业也无法扩张。我一直把 QBR 称作自己的'天赋领域'。我开始教导团队我是怎么履行 QBR 的，以及他们应该如何保障并服务于履行 QBR 的我。"

教学的部分很简单。莫妮克和每一个员工进行了一对一谈话，向他们解释如何为客人量身定制水疗体验；如何了解客人的需求；如何为客人详细讲解最佳疗法。莫妮克会召集每日会议，表扬员工大大小小的进步，鼓励员工互相学习。她还会让员工分享他们的最佳实践。

此外，莫妮克很尊重员工的工作领域。在过去，她总是"飞身"救场，员工有时会认为这是老板在干预他的工作。现在，员工已经清楚了如何保障并履行 QBR，莫妮克不再需要这样做，而员工在自己的工作领域内也有了更多自信。团队士气提升了，情况在很大程度上有了好转。

但是，还有最后一个问题：莫妮克是唯一一个履行 QBR 的人。员工不会向她主动提出进一步改善公司流程及服务的方法，虽然这是他们正在做的事情。

还记得我在前面卖了个关子的独门绝技吗？这个独门绝技其实是莫妮克聘请的一个特殊员工。QBR 是企业的核心，每一个员工都有责任保障 QBR，并在某种程度上履行 QBR，即使在——尤其在——老板无法保障并履行 QBR 的时候。

第四章

第三步：保障并履行 QBR

莫妮克和我们一样是个普通人，她也会犯错，有时也会不知道如何改进公司的服务。她是"第一个"承认了这一点的老板。莫妮克发现，当她疏忽大意，没能履行好 QBR 时，员工虽然会注意到，但不会说出来。员工很难向莫妮克开诚布公，可能是他们太害羞了；也可能他们并不相信一家公司的服务质量竟然比老板的意见还重要。莫妮克发现她和员工之间存在着沟通障碍。于是，她采取了独特的方法——聘请一个"很有主见"、在自己面前完全不胆怯的员工。这名新员工负责日常的运营工作。他会收集其他员工的"前线反馈"，和莫妮克进行讨论，即使其中的某些反馈让人不适。从此以后，生命力医疗水疗的服务质量一跃千里，公司不断发展。

"QBR 是需要全员投入的，迈克。"莫妮克告诉我，"团队需要知道 QBR 是什么，并为此付出行动。如果员工有哪一项没有做到，那是老板的错。员工不能或不敢诚实地和我讨论 QBR 的问题，这不是他们的错，而是我的错。所以我马上改正了这个问题。"

当蜂后想一直做蜂后

即使是最激动人心、最能盈利、最受欢迎的企业，它也可能是只依赖于一个人的。你成功了，实现了影响世界的人生目标，但你热爱着你的事业，这个时候你不会觉得，脱离企业是一个合理的选择。部分企业家在履行 QBR 的过程中获得了许多乐趣，他们渴望长久地承担这份责任。励志演讲家、电视购物之王托尼·罗宾斯（Tony Robbins）就选择了继续履行QBR。还有许多无比成功的专业人士也选择了这条道路，比如我的朋友玛丽·弗里奥（Marie Forleo）。

玛丽的"粉丝"数量相当庞大，她拥有数以百万计的疯狂"粉丝"。她践行着自己的使命，事业蒸蒸日上。而且，玛丽调整了企业架构让自己能够拥有大量的休假时间，而企业也不会停下增长的步伐。可以说，玛丽已经实现了发条型企业的梦想。

在每年的夏天和冬天，玛丽的企业会关停两个星期，所有人都停工休假。这是她的企业文化。"公司里没有什么事情是生死攸关的。"玛丽说，"我们的客户很欣赏这一点，他们也会受到启发，把这个方法运用到自己的企业里。我的客户和同行都在模仿我们。"

"对于我的团队来说这一点再好不过了。每个人都非常努力地工作。他们很敬业，自驱性很强。我让所有人在同一时间休假，这样就不会有人觉得自己错过了什么，也无需担心自己不在的时候项目有所进展。他们可以彻底地放松充电。有的员工对此感激涕零，因为他们从来没有体验过这样的工作环境。"

我从读者口中第一次听说了玛丽这个人。实际上，有许多读者都对我说过："玛丽酷毙了！"用玛丽的话来说，她创立的公司是一家"有社会责任感的数字帝国"。玛丽的业务包括商学院——面向企业家的培训项目，以及玛丽电视台（MarieTV）——一档在195个国家周播的电视节目，帮助企业家打造他们热爱的企业及生活。

玛丽初涉这个行业时只有23岁。那时的她还是个酒吧侍应

第四章
第三步：保障并履行 QBR

生。在酒吧里，她曾遇见过正在进行一对一教练辅导的客人。如今，从玛丽的商学院毕业的学生超过了 40000 人，他们来自 130 个国家，分布在 160 个行业。玛丽手下约有 20 个全职员工。课程开班时，她会根据实际需求招一些季节性员工及兼职人员。而一所普通大学每年约有 5000 个毕业生，但却有 700 名员工！还有比玛丽的商学院更高效的企业吗！

玛丽的目标之一，是对尽可能多的人产生尽可能大的影响。她甚至想影响上百万人，这就是她的"美好无畏又崇高的远大目标"。这些年来，她不断精简企业流程以实现这个目标；同时，她也在努力地达成私人生活的目标——拥有平衡的离线生活。比如，玛丽曾在纽约举办大型研讨会，与会人数为 300 人。但是，在评估了研讨会的影响力以及当中的工作量，并将其与商学院进行对比后，她决定进行简化，取消了研讨会。同时被取消的还有其他收入来源，包括利润极高的私人企业教练辅导业务。这样的改变让玛丽的业务量增加了一倍以上。

"虽然我的工作依然很多，但我获得了深深的满足感。帮助大家充分释放潜能，这是最让我激动的事。做更少的工作，但做得非常非常好，我更有成就感了。"她告诉我，"而且，这也让我们在同行中遥遥领先。"

玛丽的 QBR 是创作内容。团队会保障她的时间，让她尽情创作。玛丽的内容会为公司带来新的订阅者、"粉丝"，以及客户。这些内容会教育并鼓舞人们去实现梦想，而这正是玛丽的使命。这些免费的内容也被用作商学院的营销工具。

然而,除了内容编辑的工作,玛丽是唯一一个履行 QBR 的人。在外人眼中,玛丽似乎就是 QBR。如果玛丽希望有人能够取代自己,让企业在没有自己的情况下依旧可以增长,她就必须培训别人独立创作内容。或许,她不想这么做。显然,为粉丝创作内容是玛丽的天赋领域,她从中可以获得极强的满足感。玛丽渴望改变世界,而她也正在改变世界。

玛丽决定继续履行 QBR,她清楚知道这意味着什么。我之所以和你分享玛丽的故事,是因为你或许会做出和她一样的决定。无数人选择独自履行 QBR,这个方法是奏效的,而且可能会带来高额回报,正如玛丽的例子。但是,我也想让你清楚其中的弊端。当托尼·罗宾斯、玛丽·弗里奥或者你(如果你决定独自履行 QBR)决定退出企业时,企业也会从行业中退出;当你决定放缓步伐时,企业的增速也会放缓。如果你是企业中唯一的 QBR 履行者,那么你就成了企业的心脏。我从和玛丽的交谈中能够感觉到,她无比成功,并从事业中获得了非凡的快乐。她非常清楚自己就是公司的心脏。目前来说,她也愿意承担这份责任。

告别时,玛丽对我说:"我从工作中汲取了许多能量,如果停止工作,我会很难受的。等我准备好了让企业在没有我的情况下运营、增长,我就会找其他人来充当企业的心脏。这一天总会来临。但是目前,我还不想做出任何改变。或许,等商学院有了百万毕业生再说吧。"

第四章
第三步：保障并履行 QBR

选择权在你的手中，我肯定不能为你做选择。相信直觉，但同时也要明白有哪些选项。选择履行 QBR，你就是企业的心脏；选择让别人来履行 QBR，你就成了企业的灵魂。

⚙ 发条原则的实际运用

1. 是时候整理 QBR 履行者手头的工作了，把最简单、最令他们分心的工作拿掉。即使只拿掉了一项工作，改变也是巨大的。

2. 思考一下，团队目前的工作方式是什么。你是否让最有能力的人做了技术要求最低的工作？如果是的话，你正在浪费钱。使用丢弃、移交及修改删减法，把工作分配给合适的人。你通常会发现，公司的大部分工作都是重复性高、技术要求低的。招一批实习生或兼职员工，从而减少能力强薪酬高的员工的数量。这么做以后，你或许能完成更多的工作，而且更快、更好、更便宜。

3. 当你完成上述步骤，保证 QBR 获得了保障并被履行后，你就应该做出选择了：你是希望成为企业的心脏，亲自履行 QBR；还是希望成为企业的灵魂，让别人完成 QBR 的工作？如果选择后者，你还需要完成另一个简单的步骤。怎么做？我会在下一章为你介绍。

CLOCK
WORK

第五章

第四步：录制工作方法

办公室里回荡着震耳欲聋的喊声:"建立工作方法?我连把工作做完的时间都没有,哪有时间把工作方法一步一步详细记录下来?我们不需要工作方法,只需要把工作做完就可以了。我只想工作,我的团队也只想工作。我的老天呀。"这个大吼大叫的人正是我。我正在艰难地把低价值任务移交给实习生,有那么一瞬间我崩溃了。

建立工作方法很耗时!不是吗?至少我曾经是这么认为的,或许你也有同感。建立了工作方法,不论谁是 QBR 的履行者,他都可以把其余任务移交给别人——这听上去就让人很有压力。建立工作方法极其耗时,而且这些时间通常都被浪费了。把工作方法详细地记录下来以后,这个方法很可能就不再适用了。首先,我们需要思考预期达成的结果;然后要找出方法,分解成步骤,再记录下来。用不了多久——不,划掉,应该是——很久很久以后,很多很多年以后,书架上将堆满记录了各种方法的三环活页夹:最佳实践、工作流程指引、汇报链等。活页夹里装的是血汗与泪水、啜饮咖啡的深夜、喝着龙舌兰酒的清晨。真的有人会用上它们吗？我的意思是，除了用来生火，真的有人会用上它们吗？我可不这么认为。

我曾经认为，这项费力的工作虽然令人痛苦，但仍是必要的。我曾这么做过十几次，可一次也没有成功（给你敲敲警钟），但其他方法也不奏效。每当我建立新的工作方法却再一次失败后，我就会安慰自己"再试一次吧"，以此消除沮丧情绪。然而，沮丧情绪不断膨胀，就像一个疖子，一个恶心的、巨大的疖子，只会出现在科幻电影中的那种疖子（或者出现在非常不幸的青少年身上）。

我还记得，我曾为书籍发货工作建立过工作方法。当时，我在二手书行业发现了绝佳的营销手段与赚钱机会，于是决定精简整个流程。我花了 4 个小时，轻松地创建了一份带有详细步骤的标准操作流程（简称 SOP）。最终文档包含 15 个步骤，每一个步骤都简单明了，还配有图片。完成这份大作后，我把它交给实习生，让她开始工作。但问题也随之而来。

首先，这份文档并不完美，有的特殊情况我忘了写，有的步骤我不小心跳过了。实习生按照文档逐步进行工作时，被弄得晕头转向。几分钟后，她就带着问题走进了我的办公室，这让我直接回到了决策阶段。实习生有办事的双手，但我却是这些手的唯一决策者。你知道印度神话人物迦梨（Kali）吗？她长了很多条手臂，但控制所有手臂的只有一个大脑。

我更新了 SOP，补充了遗漏的内容，但我很快就发现遗漏的内容不止这些，而且还存在突发情况。顾客要求加急发货怎么办？顾

第五章

第四步：录制工作方法

客在周末下订单怎么办？顾客买了两本书，这两本书应该一起发货还是分别发货？

以前，我可以凭着自己的判断，用我认为合理的方法完成工作。但是现在，我下定决心要把自己的工作方法变成可以应对一切的文档。我扩充了SOP的内容以应对异常情况。我在这上面花了更多的时间反复修改。然后，一切都乱套了：美国邮政更新了网站，SOP的发货步骤及所有图片都得重新修改；雪上加霜的是亚马逊也更改了后台系统。天啊！我花费了那么多个小时、那么多天，来把一个简单的流程整理成文档。而如今，这一切都付诸东流了。我连一份万无一失的SOP也做不出来，更别提公司还需要好几百份SOP了。这么做不值得。一想到要为公司的所有流程创建SOP，我就觉得不如"切腹自尽"算了。

人与河流一样会寻求最简单的路径，抵达目的地。如果你发现员工根本不使用你的SOP，那么就说明这些SOP没有用。不断提升效率、不断优化应该是每一个组织追求的目标；而浪费材料、金钱和时间则是多数企业无法成功的原因。这些问题必须定期解决，但传统的SOP似乎已经无法达成这个目标了。

在我合作过的上千位企业家中，只有极少一部分会把现有的工作方法记录在册。我也不会这么做，至少在传统意义上。当我拜访企业家提出看一看SOP时，他们拿出来的通常是一堆储存在远程云端上的文档和邮件。

大部分公司采取的方法是现场培训，用专业术语来说就是"只要随机应变就行"。他们让你做什么，你就做什么；别人让你做其他事情时，你也照做。如果两个人给的指令有冲突，那就尽你所能满足双方的需求，而且别忘了把这一点传授给下一个人。

这个过程听起来熟悉吗？毕竟早在穴居人时代，这种沟通方式就已经烙印在了人类的基因中。那个时候，穴居人的书写语言还不发达。他们只能在洞穴的墙壁上画画，围着篝火讲述生火的方法。

男穴居人会告诉部族成员："啊，击打石头，石头越大，火花越大。一定要让女穴居人看见你的石头，听懂了吗？哈哈，啊，哈哈，啊。"这样的故事在穴居人间流传。但是，就像你小时候玩的传话游戏，信息总会被改变。"击打石头"可能会变成"击杀狐狸"。那么，这些"傻子"就会拿着棍子去捅死狐狸。等他们回到山洞后，却发现没有一个人知道怎么生火。

为了确保 QBR 顺利进行、公司以最佳 4D 模型运转，你需要把 QBR 以及一切相关工作体系化。SOP 存在的目的是保证流程及产出的一致性。然而，SOP 真的很难制作，因为你还没有建立工作方法；而且，SOP 也很难维护，因为事情总在变化着，总会出现更好的方法。

在公司里，作为老板的你也往往承担着蜂后职能。要确保企业不再依赖于你，就需要把你从企业事务中解脱出来。这会让你获得终极自由。虽然现在听起来这像个白日梦，但这是可以实现的。

第五章
第四步：录制工作方法

你已经具备了工作方法

首先，我想澄清一下关于工作方法最常见的误解。你可能会认为"我没有工作方法"或者"我需要从头开始建立工作方法"。错了，大错特错！实际上，你已经具备了每一种工作方法——每一种令人讨厌的工作方法。所有工作方法都存在于你的脑子里，或者你的员工的脑子里。所有需要赋权给他人的工作你都已经做过了，你已经遵循着自己脑海中的方法做过一遍了。因此，不需要建立任何新的东西，也不需要煞费苦心地把它们一步一步从脑子里提取到白纸上。我们的目标不是建立工作方法，而是记录工作方法，而且要轻松地记录。这样，你就可以把工作相关的知识传达给别人，让企业如发条般运转。最妙的是，这个方式简单得可笑，所有人都能做到。所以我们不如先来看一下不奏效的方式。

从大脑里提取知识最低效的方式大概就是一步一步写下来，从而让别人理解。你这么做是在逼迫自己慢下来以及过度考虑问题。把你目前的工作一步一步写在纸上或者写在电脑文档里、画成流程图以及任何书面形式，这个过程慢得令人发指，而且注定会有遗漏。总之，不要这么做，这么做是没用的。

现在，让我们来聊一聊简单又奏效的方式。为一项工作建立工作方法的更好方式是在进行这项工作的同时，把流程录下来。这么做的神奇之处在于，你在建立让别人遵循的工作方法的同时也完成了这项工作。

录制工作方法的目的在于，把你使用过的最佳方法以最简单的方式传达给团队成员，让他们正确地完成工作。那么，怎么录制工作方法呢？让我用香蕉举个例子。

你这一辈子多少吃过几根香蕉吧。那么你知不知道，大多数人其实并不知道香蕉的正确剥法？许多人会从香蕉柄部开始剥，这么做要么会捏扁香蕉，要么很难剥开：香蕉太青，很难剥开；香蕉太熟，又容易捏扁。但其实，香蕉的正确剥法非常简单。看一看猴子是怎么做的就知道了。它们会拿着香蕉的柄部，再轻轻一捏头部，蕉皮就会脱落，而且香蕉毫发无损。

那么，该如何录制这个流程呢？其实已经有人录下来了，就在YouTube及成千上万的视频网站上。打开YouTube输入"剥香蕉的最佳方法"，就能看到这个小技巧。

你甚至可以把"剥香蕉"作为练习，让团队接受这种建立工作方法的新方式（录制最佳实践，或播放现成视频以展示最佳实践）。练习步骤：买十几根香蕉，找几个你想训练的员工，让他们分别剥香蕉给你看。不要让他们一起剥，这样他们会相互模仿；也不要盯着他们，让他们感到紧张。不要下判断，只观察。有的员工或许已经会用"正确"的方法剥香蕉，但多数员工大概率还不会。

下一步，把YouTube上的剥香蕉视频发给他们。等他们看完以后，再给他们一根香蕉练习。接着，让他们在你面前再剥一次香

第五章
第四步：录制工作方法

蕉。哇哦！工作方法记录（感谢 YouTube）并传递成功！其中的关键在于，把工作移交给别人之前，无需确保工作方法是正确的、完美的；只需要录下来你是怎么做的（也可以使用我稍后分享的其他方法），然后把工作移交出去就可以了。如果在移交工作之前，你希望建立起完美的工作流程，那你永远也不会有时间做到这一点的。所以，赶紧把工作交给别人，然后和那个人一起找到正确的工作方法。

别再像个猴子似的摆弄香蕉了，一起来把这个方法运用在企业的核心工作上吧。

初创公司的工作方法

如果你的公司属于初创公司，你完全可以说你们没有工作方法。我的意思是，就连你的脑子里也是一片空白，没有任何可以让别人照着做的东西。那该怎么办呢？你可以做两件事情。

还记得我把从执行者向规划者的转型比喻为测量仪器或油门，而不是开关吗？在一段时间内，请先亲自完成某项任务，从而学习并感同身受。然后，把你学到的东西录下来传达给团队；你也可以走捷径，收集别人的工作方法。

只要在 YouTube 上随手一搜，就能找到上百种工作方法，应有尽有。别人已经替你完成了大部分工作。虽然视频中的工作方法不一定是你想要的，也不一定是你会使用的，但至少方法有了，而且还带着别人的评分和评价。想找一个开发票的流程让公司团队能照着做,那就搜索"怎么给客户开发票";想问露天平台的建筑工作如何开展,那就搜索"怎么打造露天平台";想让团队学习如何挖洞、浇筑水泥、安装托梁,那就搜索"打造露天平台时怎么挖洞""怎么为露天平台的地基浇筑水泥"以及"怎么安装露天平台的托梁"。

工作方法早已存在,你的任务是把脑海中的工作方法录下来,或者使用其他人录制好了的工作方法。接下来,制定一个流程,让团队取用这些被录制下来的、可随时实施的知识。

录制工作方法

明确了需要体系化的工作后,下一步需要确定这些工作的主要流程是哪一类:1.沟通类:语言沟通或书面沟通;2.肢体类:搬运物品;3.与物品互动类:使用电脑工作、按压收银机上的按钮。当然,也可以是这三类的结合。

如果你或公司中的某位员工已经在进行某项任务了,那么你或那位员工就可以在完成那项任务的同时进行记录,使用录像设备,把工作方法录制下来。我们拿在电脑上完成的工作举例,毕竟用电脑工作已经是常态了。比如,我要给客户开发票(这个工作我做过),那么我的 QBR 就是写字和说话。我会使用录屏软件录制工作流程。(在这里我就不推荐录屏软件了,更新换代得太快了。不过,

第五章
第四步：录制工作方法

你可以前往 Clockwork.life 查看我的推荐清单。)

在进行这项任务时,我会录制屏幕并讲解自己正在做的事情。然后,把视频存在相关类目的文件夹里。之后接手这项任务的员工就可以反复观看这段培训视频,复制工作流程了。

每一家公司的持续增长都需要经历一系列环节。公司会采取方法吸引潜在客户,把潜在客户转化为客户,为这些客户交付产品或服务,并在这个过程中收集并管理现金。这个流程被称为引流、转化、交付与收款(Attract, Convert, Deliver and Collect,简称 ACDC)。管理好 ACDC 企业将得到赋能。这个能量与 AC/DC 乐队①产生的能量一样巨大,只是没有那么吵闹,也不会流那么多汗水。

如何建立工作方法的类目索引呢?非常简单。使用 ACDC 进行分类,并公之于众。我会在发条原则的最后一步带你深入探索 ACDC 流程。现在,我想先聊一聊 ACDC 的基础知识。为了维持业务运转,每一家公司都必须一以贯之地完成这四个重要环节:

1. 引流——吸引对公司产品感兴趣的新的潜在客户。

2. 转化——把部分潜在客户转化为客户。

3. 交付——按照承诺为客户提供产品或服务。

4. 收款——确保收取客户应支付的费用。

这里的 ACDC 模型与电力②或乐队都没有关系,但是它和电力

---

① 澳大利亚摇滚乐队。——译注
② ACDC 也有交流电流及直流电流的意思。——译注

同样重要;和安格斯·扬(Angus Young)及马尔科姆·扬(Malcolm Young)①用吉他奏起《致摇滚之人(向你致敬)》(*For Those About To Rock (We Salute You)*)的入门旋律一样激动人心。

企业的所有工作都包括在这四个环节中。请在共享平台,比如云端硬盘上,创建名为**工作方法**的主类目,并给予团队成员相关权限。在主类目下,再新建四个子类目,分别命名为**引流、转化、交付和收款**。市场营销的流程归在**引流**类目下;发货的流程归在**交付**类目下;服务于企业整体的通用行政任务,比如清洁洗手间,也归在**交付**类目下的**行政**文件夹中;把所有和金钱相关的工作方法都归在**收款**类目下,比如收取定金、做账、支付账单等(见图4)。如果你愿意,也可以把**收款**文件夹的名称改为**现金**,只要你和团队在有需要时可

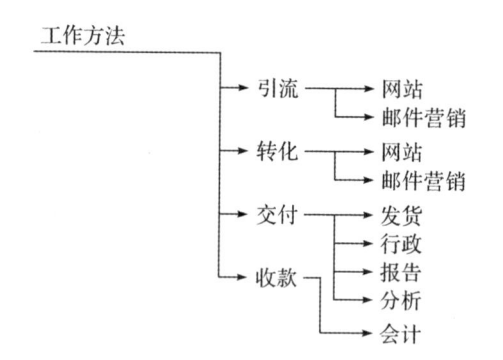

```
工作方法
  ├─ 引流 ──┬─ 网站
  │        └─ 邮件营销
  ├─ 转化 ──┬─ 网站
  │        └─ 邮件营销
  ├─ 交付 ──┬─ 发货
  │        ├─ 行政
  │        ├─ 报告
  │        └─ 分析
  └─ 收款 ──── 会计
```

图4 工作方法索引类目样例

---

① AC/DC 乐队成员。——译注

第五章
第四步：录制工作方法

以轻松找到对应的方法视频即可。

视频可以应对所有异常情况吗？不太可能。但是，视频可以更好地展现、说明问题，传递的信息比书面文档要多得多。而且，在录制培训视频的同时，你已经把工作做完了。这样建立工作方法就不会浪费你的时间。

如果工作的主要流程是说话（沟通类），那么你只需要一个录音器。你的口袋里可能就装着一个呢，那就是你的手机。如果工作涉及肢体动作，那么你需要一个摄像机。你也已经有了，还是你的手机。

录制工作过程，并将录制好的视频存放在团队成员有权限进入的文件夹中，然后把这项工作赋权给另一名员工、远程员工或者随便什么人。（好吧，也不能太随便了，星巴克的咖啡师光是为你制作厄瓜多尔中度烘焙咖啡就已经忙不过来了，哪有时间承担你的任务。）不论如何，把工作移交出去就对了，不惜一切地保障QBR！（好吧，也不能真的不惜一切。但QBR的重要性应该不用我再强调了。）

刚开始实行这个方法时，如果你忘记把一些基础内容录进视频里，员工就会向你提出问题。比如，你录制了在电脑上操作发货的视频，却漏掉了登录的过程。这个时候，你应该把答案告诉员工，并要求他们制作下一版更完善的视频。是的，没有错。员工会马上开始录制新的视频，改进工作方法。

当我这么做之后，我的企业发生了巨大改变。过去，我发现行政工作非常耗时,发货(我曾亲自做了好多年)和开发票等工作让我没有时间完成QBR。我曾为发货撰写了初版SOP,但很快就不再适用,且被员工无视了。我只能亲自教导实习生怎么做,这很浪费时间。实习生还经常记不住,我只能再教一次。每当旧的实习生离职,新的实习生入职时,所有知识就都烟消云散,我不得不再重新教一次。

后来,我开始录制工作流程,就像前文中说的那样,效果十分神奇。我使用录屏软件录制下我在电脑上接单及发货的操作流程;我拿出手机把自己打包书的过程录下来,并详细讲解应该怎么打包。只要两段视频就搞定了,非常简单。从那以后,我再也没有发过一次货,这项工作全由团队成员完成。新人接手工作时,他们会翻看视频。亚马逊的发货流程经常变更。流程需要更新时,当下负责这项工作的员工会重新录制一段视频。而且,制作新视频的人往往很擅长这个流程——他既把整个流程印刻在了脑子里,又为下一个接手的人准备好了培训视频。

我们用同样的方法记录下了开发票及支付账单的流程,员工就能以统一标准完成工作,开出发票。

把工作赋权出去后,需要明确该项工作的考核指标及负责人。比如,我想知道发票是否都开出去了,账款是否都收回来了。考核标准非常简单:最近有哪些新项目以及应收账款。只要五分钟,我就能知道该项工作是一切顺利,还是出了问题需要解决。我不想表现出对效率有着狂热的追求,但我还是想把自己的方法说得清楚一

第五章
第四步:录制工作方法

点儿:我会让员工把每周报告贴在电脑显示屏的左边。结束巡回演讲回到办公室后,我就能马上看到报告(连电脑都不用打开)。如果出差三个星期,那么电脑旁边就应该贴着三份报告。这种方式十分简单、高效。

关键在于永远要有一个人为产出负责。一定要十分明确这一点。如此一来,当问题出现需要解决方案时,你就知道该去找谁了。我的办公室墙上贴着一段话,是我的偶像乔治·华盛顿(George Washington)说的,关于单一责任制的重要性:"我发现,如果一项任务由一人便足以完成,那么由两人去做时,效果反而更差;若由三人或更多人去做,则几乎不可能完成。"如果美国的开国元勋认为这一点至关重要,那么你和我或许也应该这么想。

迈向规划阶段时,请记住要以更简单的流程和更少的精力获得与过往相同,甚至更好的结果。

在澳大利亚巡回演讲时,我与克雷格·明特(Craig Minter)在悉尼的盆栽棚餐厅(The Potting Shed)吃了晚饭。克雷格是一名企业效率咨询顾问,他会深入企业,为企业主寻找能够提升企业效率的显著机会。我们喝着啤酒,谈天说地,从耳鸣聊到长跑,再到最好的鞋子款式。闲聊之后,克雷格向我解释了他是怎么工作的。

"有效的赋权往往能让你在精简企业方面取得重大进展。这就是为什么我会先看企业主在赋权决策方面做得到不到位,然后再帮助他们梳理,如果想实施发条原则,哪些决策必须由他们来做,哪些决策只会令他们分心。"克雷格说。

克雷格认为,老板的工作通常是QBR(虽然他用的不是这个词)或者其他重要任务。但当他们分心去为别人做决策后,就没有了工作状态。如果决策都需要由企业高层决定,那么老板就会不断分心,并出现低效时间(无所事事及等待的时间)。发现企业存在低效时间后,克雷格会着手改变企业的工作流程让决策发生得更快,产生的干扰因素更少。而且他通常能做到这一点。

克雷格还给我讲了一个"红绿灯法"的故事,主角是戴比·斯托克斯(Debbie Stokes)和她的窗帘制造公司——R&D窗帘(R&D Curtains)。"戴比每天会花两个小时做决策。每完成一项工作,小组长就会敲敲戴比办公室的门,询问接下来应该做什么。戴比则会停下手头工作,前往生产车间评估员工的工作。只需要几分钟,戴比就能告诉员工,他们的下一项任务是什么。但此后,她还需要大约15分钟的时间才能重新进入原来的工作状态。然而马上,敲门声又再次响起了。"

戴比聘请了克雷格。克雷格在戴比公司内实行了红绿灯法:为每一项工作贴上红色、黄色或绿色的标签。有了这套方法,戴比的员工就能知道自己的下一项任务是什么,不再需要打扰戴比以寻求指引。每一天,戴比会花大约10分钟,把第二天的所有工作分类,贴上红黄绿标签。红色代表的是紧急任务,需要马上完成;绿色代表项目的时间充裕;黄色则介于二者之间。戴比团队只需要记住一条简单的规则:在生产过程中做出决策,确保待办事项都是绿色的;或者以最快速度把待办事项都变成绿色。现在,戴比有了更多时

第五章
第四步：录制工作方法

间,可以做出宏观决策,为公司制定战略规划。

你或许无法录制每项工作的工作方法,并把它们赋权给其他人。但是,借助克雷格简单的红绿灯法你也可以为 QBR 的履行者减负,把多余的工作移交给团队其他成员。

拥有自由,才能精通业务
（又称 30000 英尺①的高空视角）

在前文中,我和你分享了我的朋友斯科特·奥尔福德关于赋权心态的见解。斯科特是销售教育类产品的,他通过自己的赋权方法,从企业中解脱了出来,无需再做任何工作,包括 QBR。现在,他把时间用于从 30000 英尺的高空视角观察公司,这让他获得了大部分企业家一辈子也无法获得的技能——精通业务。

在一次企业家强化学习班上,我遇见了斯科特,并向他取经。他非常友善,把从 QBR 中脱身的方法原原本本地告诉了我,以下是我的收获：

1.斯科特告诉我什么是赋权心态,这一点值得我再次重申。他解释,每一个企业家和商业领袖都知道需要赋权,你也知道应该这么做。而他们犯下的错误是,大部分人都认为赋权

---

① 约为 9000 米。——译注

过程的比例是 10%（你）/80%（员工）/10%（你）。你负责明确团队工作，并把这些工作分配下去，这是第一个 10%；员工负责完成这些工作，这是中间的 80%；然后，你负责做出决策，考核结果，这是剩余的 10%。斯科特说，这种想法是一个陷阱。你要么什么都不做，要么就相当于什么都做了。而我们的目标是，什么都不做。

2. 赋权的过程不是神奇的开关——把任务交给别人就万事大吉了。斯科特说，正相反，赋权是有几个阶段的。第一个阶段是分配任务，而任务依然由你来做决策；第二个阶段是把决策的责任交给员工，但是员工不为结果负责；第三个阶段是让员工对任务的结果负责，但是他们不对产出负责，产出就是该项任务会给公司带来的益处；第四个阶段是让员工对产出负责。在这个过程中，你必须先把任务和责任分配下去，然后培养并指引员工让他们认识到自己希望如何影响公司，并由此反推，从而完成工作。

3. 当员工无法以你想要的方式执行任务时，你或许会像大多数企业家一样感到沮丧，并指责员工不争气。但是，员工无法让你满意的真正原因是，你赋权时没有给予他们足够多的细节及指引（这也是为什么许多企业家总会回到决策阶段）。大部分企业家确切地知道自己想要什么，但却不说出来（或者说不录下来）。斯科特举了一个例子：我们脑子里想的是一个完美的烤箱，它拥有 600 个零部件，但我们却告诉员工："给我找

第五章
第四步:录制工作方法

一个能做菜的东西。"员工带着一堆木柴和两块打火石回来了。我们很不满意,觉得"他们达不到预期"。可这背后的原因在于我们没有告诉员工,我们想要的是什么。

4. 对于第 3 点中的问题斯科特的解决方法是,让员工采访自己(在旁边放一个录音机,以防遗漏任何细节)。这是一个从工作中脱身、获得自由的好方法。你当然可以把高重复性的工作录下来,但有些细节依然模棱两可。让员工向你提问,就能够理清这些细节。员工读不懂你的心思,但他们可以把你的心思用白纸黑字记录下来。让员工主动向你提出现有的或未来可能出现的问题。他们可以随意提问,只要这些问题有助于他们理解你的战略愿景,并将其转化为可执行的步骤。通过提出问题员工减轻了你肩上第二个 10% 的负担,他们无需再带着许多问题回来找你。虽然你有着宏图愿景,但不一定能清楚表达。所以,让员工采访你吧,让他们把你的想法记录下来,让他们一次性地了解你的想法,无需来回折腾。

通过采访团队成员能够在符合斯科特战略愿景的前提下,履行 QBR。对话接近尾声时,斯科特告诉我:"专注在一件事情上有许多好处,迈克。企业家往往想服务于所有人,做所有事,但是他们什么也不精通。我的企业已经实现了自主运转,我把所有时间都投入到了解市场上。我非常懂我的客户,所以我可以比竞争对手快百万倍。不用打理企业事务让我拥有了更多自由。我可以快速行动,晃瞎对手的眼。"

河流会选择最简单的道路

把任务分配给员工后，尤其把决策的责任分配给他们后，有的员工依然会回来找你，寻求你的意见——即使你已经把工作方法录了下来让他们照着做。从员工角度来说，这很正常，万一他们做出了"错误"的决策怎么办？他们担心被老板（你）批评，或者更糟糕的被开除。他们肯定不希望失去你的信任。如果由你来为他们做决策，他们就不会犯错了。你给出了有效的解决方案，他们会因为遵照你的指示而获得奖赏；你给出的方案行不通，那也不是他们的错。不论结果如何，只要你是做决策的人，他们就总是安全的。更妙的是，他们还不用思考了！只需要执行就可以。（你也说了，你更喜欢执行，那为什么他们不能更喜欢执行呢？）

人的天性更倾向于服从指令，不论在家还是在办公室。还记得当你的另一半提出要求时，你曾说过"好的宝贝"吗？这比争论容易多了，不是吗？同样地，服从指令对员工来说也容易多了。

把决策权赋予员工后，如果遇到了来自员工的阻力，不论你如何应对，唯一不能做的就是为他们做决策！一定要让他们自己去做调研，决定行动方案，然后贯彻方案。毕竟，我们的目标是让你从企业事务中脱身。如果你不断地做决策，这个目标是无法达成的。

第五章
第四步：录制工作方法

员工的阻力表现在，他们会请求你帮助他们做决策。这个时候，一定要把决策权推给他们。如果他们询问你的意见，你可以回答："你觉得我们应该怎么做呢？"如果他们用常用的句式回答你——"我不知道，所以我才来找你的"——以避免做出决策，那你可以说："公司聘用你，是因为你聪明又努力。我们雇用你是让你来找答案的。下一次来找我的时候，请带着你的最优解，并告诉我你会做出什么样的决策。那个时候，我们可以再讨论。"当他们下一次回来找你时，请准备好点头、微笑，并赞同他们。

即使员工给出的方案你并不同意，也请咬紧牙关支持他们。当他们做出决策并实施方案后，只要获得了重大结果，不论是正面的还是负面的，都让他们做一次复盘汇报，请他们分享所学所感，以及下一次会做出哪些改变。一定要在员工做出决策并执行决策之后，再做复盘汇报。

唯一需要你干预的情况是：员工做出的决策会带来极端严重的后果。如果发现了严重危机，请马上让员工知晓。现在，你已经成了员工的导师，而不是他们的决策者。

有一段亿万富翁莎拉·布莱克利[1]（Sara Blakely）的采访，推荐你一定要看看。莎拉是塑身衣品牌 Spanx 的创始人。在采访中她说自己的成功依托于一条基本信念，那就是：拥抱失败。莎拉解释

---

[1] www.cnbc.com/2013/10/16/billionaire-sara-blakely-says-secret-to-success-is-failure.html——原注

道：“在成长过程中，我的爸爸一直鼓励我和我的兄弟敢于经历失败……这真的让我能够更自由地去尝试不同的东西，在生活中展翅高飞。”取得进步的唯一方法是经历挑战、失败、错误，并从中学习。这就要求你自主做出决策。正如布莱克利所说，最重要的是唯一的、真正的失败其实是无所事事，也就是不做任何决策。所以不要再为员工做决策了，这么做只会让他们无所事事。为他们赋权，让他们做出决策，推动企业前进。

那么，如何赋权员工，让他们做出决策呢？听好了，你必须奖励错误。如果员工做错了事情，而你惩罚了他（说教、指出错误、减薪以及任何惩罚方式），这只会让他们对做出错误决策感到恐惧。如此一来，员工最安全的做法就是让你做决策（把你困在决策阶段）。但如果你说：“嘿，虽然结果不如预期，但你做了决策，推动了公司前进，我为你感到骄傲。希望你能继续保持，带领我们前进。有什么需要我帮忙的，尽管说。”这么做，你不但会发现企业开始如发条般运转，还会发现你和这名团队成员的关系得到了改善。

丰田汽车闻名全球的生产流程也基于同样的核心理念：决策权必须"下"放至实施决策的人。生产线工人遇到问题时，可以叫停整条生产线（你没有看错）。而经理会急忙赶来为这名工人提供支持。生产线工人会给出指令，经理则会辅助工人让生产线重新运转起来。这就是赋权，这就是把决策权给到正确的人——离问题最近的人。

第五章
第四步:录制工作方法

⚙ 发条原则的实际运用

1.现在,录制一种工作方法。是的,你有上百种工作方法需要录制,但如果不迈出第一步,你永远也不会把它们录下来。迈出第一步,录制一项简单的工作,一项可以永远交给员工的工作。录下第一种工作方法,看一看效果如何。然后把更新视频的任务也分配给接手这项工作的员工。

2.把第一个视频储存在相关类目的文件夹中,并为所有团队成员开放权限。建立简单的类目索引,把文件夹命名为**引流**(市场营销)、**转化**(销售)、**交付**(运营)和**收款**(会计)。然后,在相应的 ACDC 文件夹内建立子类目,储存新视频。往后的所有工作方法视频都请储存在对应的文件夹中。你这个摇滚巨星……向你致敬致敬再致敬。(如果你没看懂,这最后一句话是我在向 AC/DC 乐队问好呢。)

CLOCK
WORK

第六章

第五步：平衡团队

妮科尔·维普（Nicole Wipp）是一名律师，在密歇根州米尔福德（距底特律约45分钟车程）运营着自己的事务所。在企业实现自主运转之前，妮科尔的主要业务是法律诉讼。诉讼业务让她忙得不可开交，而且在处理客户案子时，她还需要承受巨大的情绪压力。后来，妮科尔生了孩子，休了四周产假（听起来就像考验企业的"四周假期"，不是吗？）。在产假中，妮科尔决定做出一个永久性的改变。

我为了这本书去向妮科尔取经时，她告诉我："我必须对自己非常坦诚，迈克。我不仅要思考自己应该做什么，也要思考不应该做什么。有些工作我或许能够胜任，但它们真的适合我吗？"

妮科尔对自身的工作习惯进行了分析，发现自己并不擅长传统的法律工作，比如写案情摘要。她有许多好的想法，但不善于实施落地。从根本上直面自己的长处与短处后（你也应该这么做），妮科尔意识到："我更擅长一个想法的前20%以及最后5%的部分，中间的所有事情我都不擅长，我需要别人来帮我解决这75%。"

妮科尔对自己的工作量进行了评估，监控着自己在每一项任务上投入的精力。"那些让我精疲力竭的任务——有些任务我只是想一想就疲惫不堪——不是我的强项。这些任务会让我拖延、产生负面情绪,不仅影响了我自己,也影响了团队。"

你可能也会觉得,日常工作在一点点地蚕食自己的灵魂。这种情况必须改变,你才能爱上自己的企业,并把企业的潜力发挥到极致。要达到这个目的,就必须把令你精疲力竭的任务移交给别人。当你不再需要执行这些任务,你就可以在自己灵感源源不断的领域工作了,也就是你的天赋领域。

考虑到自己的天赋领域,妮科尔决定放弃法律诉讼业务,把事务所转型为家庭与老年人法律中心。从这个名字上就能看出妮科尔的新业务是什么了。她不但丢弃了让自己筋疲力尽的任务,还关停了自己不擅长的传统法律业务。经过招聘重组后,妮科尔从每周工作100小时、每月工作30天,变成了每月只工作5天,而且年收入没有下降。许多企业家都担心,雇用员工会让他们的个人收入下滑。因此,我强烈请求妮科尔就这一点深入讲解。①

"在我开始这么做的一段时间内,收入确实下降了一点儿。但在我找到合适的团队,而且团队上手后,收入马上就回升了。"妮科

---

① 如果你熟悉绝对利润法则,你就会知道有一个有效而简单的小技巧,可以确认企业是否为下一次招人做好了准备。创建一个名为"未来的员工"的银行账户,然后把企业收入的一部分存入该账户,数额等于未来员工的薪资。你可以使用这个方法在招聘之前向自己证明,公司负担得起新员工。而且,在真的聘请了新员工以后,你也已经有存款来给他们发工资了,多好!——原注

第六章

第五步：平衡团队

尔说，"虽然收入一开始有所下滑，但是从全年来看，我赚得更多了。"从中我们可以学习到，考虑招人时，请从全年角度来考虑，不要只想着接下来几个星期会发生什么。

现在，妮科尔公司的盈利情况比以往任何时候都要好。她雇用了对的员工来做对的事情，从而让自己有更多精力去最大化她所擅长的工作。接下来，妮科尔需要平衡团队，让团队成员也能做他们最擅长的工作。

"一开始，我的团队并不优秀。"妮科尔告诉我，"曾经连续三个月我每天都会哭，因为团队实在太糟糕了。后来我意识到糟糕的是我，不是他们。我需要从头开始，根据天赋领域进行招聘，让员工的天赋领域和我的天赋领域能够相辅相成。"（这个想法太有天赋了！）

现在，妮科尔每个月只工作五天，却比以往成功得多。她们公司的QBR是精确的法律工作，而妮科尔完全不参与，她的工作重点在于管理企业流程。你发现了吗，让别人取代自己——尤其在无法充实灵魂的工作上——就能推动企业增长。

从雇用第一个帮手的那一刻起——不论是兼职员工、全职员工、远程助理还是外包公司，公司就有了多个齿轮，你需要让它们和谐地咬合在一起。如果从一开始，你就致力于打造平衡的公司，那么团队基础会更稳固，进展也会更顺利。因此招聘第一个员工时，就请好好地掌握平衡团队的技巧。平衡团队是一种"规划"技巧，越早掌握公司就能走得越远。

维恩·哈尼什（Verne Harnish）在他的《掌握洛克菲勒的习惯》

(*Mastering the Rockefeller Habits*)一书中说道:"我们需要找到对的人来把对的事情做对。"这句话很有道理,非常有道理。但还有一点,那就是对的人需要以对的工作量做对的事情。我修改了这句话,我的版本是:让对的人以对的工作量把对的事情做对。

接下来,让我们来分解一下这句话:

1."让对的人……"是指你需要了解团队成员各自的强项和天赋领域。这不是指他们目前做的最多的工作,而是他们最擅长的工作,以及最喜欢的工作。如果一个人擅长做某事且喜欢做某事,那他一定能做得很好。不幸的是,大多数老板和领导并不知道自己的员工有哪些强项。你需要找出员工的强项(在雇用之前就进行评估),并利用这个信息把他们安排在各自会表现得十分亮眼的职位上。

2."……做对的事……"是指你要明确企业需要什么,不需要什么。丢弃不需要的工作,别让员工因为它们而分心;把工作移交给对的人;对可以提高效率的工作进行修改删减。做到了以上这几点,你就已经把对的人分配到对的工作上了。

3."……对的工作量……"是指员工与企业都需要平衡。如果没有清晰的指令,世界上所有执行都无法达到预期;如果没有人把战略付诸实践,世界上所有指令都毫无用处。即使团队成员有各自擅长的工作,他们也需要平衡,需要在工作中拥有适度的多样性。

4."……做对……"这一点与工作培训有关。要想做到这一点,可以通过以下方式:把录制好的相关工作方法提供给员工;为产出及流程下明确的定义,并让员工遵循;培训员工,让他们知道什么是QBR,以及为什么需要履行并保障QBR。

对的人

在写书的过程中,我会主动与别人分享书中的核心概念与流程,让敢于吃第一只螃蟹的企业家把它们运用在公司里。然后,我会尽可能地从这些企业家身上获取反馈及问题,以测试这些概念并完善它们。如果我的受众可以理解这些概念,并能在60分钟或更短的时间内,明白怎么在企业中运用它们,这就说明我的方法是可靠的;如果受众难以理解我的内容,或者运用后的效果不尽如人意,那么说明这本书还不够完善,我还需要继续打磨。

2017年11月27日,我在加利福尼亚州圣何塞的一场研讨会上,首次大规模地为400人介绍了发条原则。那是我的第10次演讲,前9次的听众都只有20人或更少。那一天,所有人都收获良多——衡量标准非常简单:演讲结束后,听众是否成群结队地涌向我,与我分享他们的收获和"啊哈时刻",以及打算采取的行动;还是说,他们都急匆匆地离开会场,只留下一个散发着难以描述的恶臭气味的怪人,向我讲述他的生活故事,告诉我他在久坐后皮肤出现了皮疹。(老实说,这个情况就发生在第二次发条原则演讲结束后。

看来那时这本书的内容还不太完善。）

我在第 10 次演讲上首次打出了本垒打。演讲结束后,我在会场逗留了 45 分钟,回答听众的问题,聆听企业家的故事,了解他们都是怎么精简企业的。有一个名叫安德鲁·伯格（Andrew Berg）的企业家,他参加了第 9 次发条原则演讲,深受启发。于是在我的第 10 次演讲时,他带着高管团队从新泽西飞到了圣何塞。安德鲁走向我,把我介绍给了他的团队,然后看向他们说道:"看到了吗,我可没有发疯。我们要宣告 QBR,然后保障它、履行它。"

听众鱼贯而出后,我注意到有一位先生还在耐心地等着我。如果你也是演讲者,那么你会知道,这个人通常就是那个怪人,一定要避免和他发生眼神接触。但是,我认识这个家伙,他叫达伦·维拉萨米（Darren Virassamy）,是 34 强劲公司（34 Strong）的联合创始人。

在平衡团队、让每一个员工全身心投入工作这方面,达伦绝对是数一数二的专家。他的公司会使用优势识别法（以及其他方法）来寻找员工的天赋,并建立了有效的流程以把合适的员工分配到公司里合适的位置上。

达伦和我聊了一会儿后,我们决定边吃晚饭边聊。晚餐时,他继续向我传授平衡团队的学问。在那时我意识到,即使 QBR 策略行之有效,且引发了听众的共鸣,但一家公司如果想提升组织效率,还必须平衡团队。

"公司之所以会犯下大大小小的错误,原因在于他们认为所有

第六章
第五步：平衡团队

人从根本上来说是一样的。面试时表达得不错就能被录用；录用后能拍好马屁就可以获得晋升；工作能力当然重要，但考核标准却很简单——能否在老板分配的时间中把工作完成得还算可以。"达伦说，"然而公司没有意识到，每个人都着有非凡的天赋。在面试中脸羞得通红，一个字也说不出来的人，可能是世界上最善于分析的人；喜欢谈论为他人服务的重要性的人，可能不会受数字驱动，做不成好销售，但他或许会受影响力的驱动，成为优秀的客服。"

达伦继续说道："你要知道员工的天赋是什么，并把他们分配到相应的职位上，让他们尽可能地发挥优势。"换句话说，如果你考核鱼的爬树能力、猴子的水下呼吸能力，那么两者都是注定要失败的；如果你考核的是鱼的水下呼吸能力和猴子的爬树能力，那么你就会发现，它们都非常出色。

所以，请把员工的强项与工作职位相匹配。那么，如何挖掘员工的强项？问问他们呗。好吧，其实也没有那么简单。比如，在面试网页文案岗位的应聘者时，你如果问他："你的强项是什么？"只要有一点儿拿下这份工作的想法，他就很可能会回答："我非常擅长写文案。"

所以，不要问"你擅长什么"，而应该问"你喜欢做什么"。举几个例子："在工作中，你曾经做过的最喜欢的三件事情是什么？""如果可以从事地球上的任何一份工作，想做什么都可以，你会选择什么工作？""你认为自己在10年后从事的完美工作会是什么？""如果你超级有钱，工作只是为了获得快乐，你会做什么？"。找出他们的兴趣，找出他们的爱好，找出能让他们快乐的事物。如果一件事情能够给他们带去快乐,通常来说,这也会是他们的强项。

上述方法只是一个小窍门。而在我自己的企业中,我采取了更为全面的方法。我实施了34强劲公司的团队评估法,并根据他们的指引,把合适的人安置到合适的职位上(这一点稍后讨论)。至于新员工,我们会在面试中询问以上问题,并让达伦帮助我们测试他们。

告别时,达伦想和我握手。我不是什么社交大师,完全没有注意到,因此导致了"史上最尴尬"的拥抱瞬间。他伸出的手臂夹在了我们的腹部之间,而我贴在他身上的时间长得令人窒息。我们都清了清嗓子,但是没能消除这个拥抱带来的尴尬。

你努力地向最佳4D模型靠拢,找出了QBR,并动员团队成员保障及履行QBR。在这个过程中你会发现,团队还需要一些改变才能适应这些变化。在这个阶段,你会面临来自员工的阻力。员工可能会担心工作不保,也可能难以放下原来的职位。你或许还会发现,自己被困在了尴尬的处境之中。请记住,在这个过程中,部分人会觉得转变很困难,但我会在接下来的内容中与你分享如何平衡团队,并给出潜在问题的应对办法。

应该在什么时候招聘?

我几乎每一天都会被问到这个问题,但在我回答之前,提问者

第六章
第五步：平衡团队

已经有了自己的答案。他们会说"我现在招不起人""不付出大价钱就找不到我需要的人才"，或者"所有人都太差劲了"。企业家总会得出相同结论："我想我还得再撑一会儿。"他们决定延迟招人，因此，他们被困在生存陷阱中的时间也会越来越长。我一贯的经验是，如果你觉得需要招人，但还应该再坚持一会儿，那么你可以把这种状态看作潜意识在绝望地呼救——你现在就需要帮手，应该招人了。还记得本书开头的西莱斯特的故事吗？没有人愿意看到西莱斯特这样，因为工作而精疲力竭，疾病缠身。我们肯定也不愿意自己变成这样。如果你的想法是，再坚持一天吧，那你无疑是在慢慢给自己挖坑，而且这个坑会越来越难爬出来。

让我们先来处理一下亲自完成工作的这种想法。我想问问你，你更愿意每小时赚 50 美元还是 5 美元？你肯定选择前者。那么我再问问你，你更愿意每小时赚 50 美元，所有工作都由自己完成；还是每小时赚 5 美元，但什么也不用做？这就是生存陷阱。从每小时的回报率来看，50 美元优于 5 美元，但最终能赚多少钱完全取决于你的精力与坚持下去的能力。而在第二种情况中，不论工作还是不工作，你每小时都能赚到 5 美元（除去开支后）。

而且，你可以把"每小时 5 美元"无限放大。明白了这一点后，你的想法或许就会发生改变。假设招一个好员工，你就可以在不工作的情况下每小时赚 5 美元；两个员工可以让你每小时赚 10 美元；如果有 10 个员工，那么每小时就能赚 50 美元，而你连动都不用动。生病时可以赚钱，参加女儿的学校活动时也可以赚钱，甚至休假时也可以赚钱。这就是发条型企业的目标——企业不依赖于你,可以独立运转;同时,企业所创造的资金还可以为你所用。

那么应该在什么时候招人呢?招人只会招得太快,但不会招得太早,这是两码事。招得太快,说明招得草率,没有经过深思熟虑,这是不对的。但是,招人永远不嫌早。意思是,不论什么规模的企业,都能从对的招聘中获益。招聘条件合适的情况下,早招人好于晚招人。比如,你已经习惯了亲自完成工作,而且这成了常态。但是,你赚得钱却远远不够。这个时候就应该招人了。你可能马上会想:"我没有钱呀。"不要被这个念头动摇,要想得长远一点儿:"我需要在不增加工作量的情况下,赚更多的钱。"这就是招人时机,但要设置合适的招聘条件。也就是说,你可能还没有做好招聘一个全职员工,支付他五险一金的准备。也许你招的员工每周工作5小时,时薪10美元。

你可能会问:"谁愿意做这种每周只有50美元的工作?"总有人会兴致勃勃地接受这样的工作。企业家误以为所有人都想找全职工作,所有人都期待高薪。比如,从我的公司——PFP公司(Profit First Professionals)——创立的第一天起,艾琳·莫杰(Erin Moger)就是我们的兼职员工。她不想工作太长时间,她需要照顾孩子。我和合伙人罗恩·萨哈扬(Ron Saharyan)都很敬佩她,也喜欢和她一起工作。艾琳是团队中优秀的一份子。我们的职位符合她的时间要求;而她为公司服务,出色地关怀着公司的客户。我们双方达成了共赢。

第六章
第五步：平衡团队

杰姬·列多夫斯基（Jackie Ledowski）是我招聘的第一个员工，她每天工作 3 小时，每周工作 3 天。在当时，这样的工作时间完美符合她的要求；而她对我来说，也是一个完美的员工。我可以把执行的工作移交给她，起初是每周 9 个小时。我也因此有了更多的规划时间。

招聘员工的目的是让你能把更多时间用于规划，减少执行时间，越早实现这一目标越好。另外，请记住你需要在自己不参与工作的同时使公司盈利。借助公司的力量，而不是自己的力量所赚的每一分钱，都会让公司离发条型企业越来越近。

应该雇用什么样的人？

最具讽刺意味的是，应聘者简历上的技能不应该成为招聘的依据。你唯一能传授给员工的就是技能；你会希望把自己的技能传授给他们，让他们按照你的方法完成工作。但技能型工作很可能是个坑。如果雇用的是已经具备技能的员工，这就意味着他们背负着过去工作的包袱。他们会按照自己的方法运用你所需要的技能，而他们的方法几乎不可能是你所希望的。换句话说，最好的情况是你们之间会产生不解与矛盾；最坏的情况是工作需要重做。

你应该雇用这样的员工：自驱力强、精力旺盛、智商高、强烈认同企业文化、愿意执行你分配的工作。这些都是无法传授的无形品质。员工要么具备，要么就不具备。所以，去找具备这些无形品质的员工吧,然后把你唯一真正可以传授的东西——技能——传授给他们。

当你意识到自己不需要一个"拥有10年工作经验的社交媒体运营及产品配送的资深专家"时,理论上来说,你就可以雇用一个态度正确、能量满满、聪慧伶俐的青少年①来完成同样的工作了。事实上,我们就是这么做的。在我的公司里,负责社交媒体运营和产品配送的就是一个青少年。她还没有成年,我隐去了她的真名,就叫她爱丽丝(Alice)吧。她年纪轻轻,工作起来却非常老练。她的薪水只比最低工资标准高一点点。不是我们占她便宜。这是她的第一份工作,她就只要这么多。哦对了,她在三点放学后才能来上班;她还会请假去参加体育活动或乐队训练;而且,她要求步行就能到公司,或者有人从她爷爷家接送她上班。所有要求,我们都欣然满足了。

不要忘记,人们选择工作的标准不只有薪资和假期。如果有人只凭这两点选择工作,那么这些人也不会是你想要的。人们需要薪水来支撑生活、假期以及其他事情,但是好的员工会追求更深层次的东西:乐趣、学习机会、影响力、公司文化等。

招聘员工时要寻求多样性。我们犯下的最大错误就是只招自己喜欢的人。如果我们喜欢某个人,那么他大概率和我们很相似。但是,我们需要具备不同技能及观点的员工。所以,请招聘不一样的人,不要招你喜欢的人,而招你尊敬的人。

---

① 美国允许16岁以上的未成年人进行一定时长的工作。——编注

第六章
第五步：平衡团队

最后，做一个特质追寻者——寻找具备你所需要的特质及强项的员工。萨布里纳·斯塔林（Sabrina Starling）博士在其著作《如何雇用最佳员工》（*How to Hire the Best*）中，详细讲述了雇用最佳员工的绝妙办法。你的任务是寻找特质，你需要确定某个职位的员工需要哪些特质：注重细节、沟通能力超群还是善于分析。想一想，公司中的各种职位都需要哪些特质，然后进行招聘。

你有没有发现在刊登了招聘信息后，会收到数十上百封应聘邮件，而这些应聘者对你的工作其实并不感兴趣？这些人会应聘任何工作，他们的简历挤爆了你的邮箱。而当你打算面试他们时，他们却会回复"什么工作？"或者"工资多少？能休几天假？"以及"再说一下，我需要做什么？"我没有说他们是坏人的意思，但他们一定不契合你的公司。这完全就是在浪费你的宝贵时间。

想要找到合适的候选人，需要在招聘信息中定义企业文化，并一举鉴别出到处塞简历的那些人。怎么实现这个"小奇迹"呢？创建一份很长很长很长的招聘启事，详细描述企业文化，为未来员工写清楚有趣的和不一定有趣的工作要求，并在启事内加一个小要求。比如，在结尾处要求应聘者的应聘邮件主题为"我对这份工作非常感兴趣"。你会发现，绝大多数人都做不到这一点。也就是说，他们没有阅读招聘信息，对这份工作不是真的感兴趣；或者是在胡乱地投递邮件；也可能不具备服从指令的能力，但这种能力非常重要。我在Clockwork.life上分享了一份招聘启事模版，欢迎复制、编辑、粘贴，以吸引你的明星员工。

最大的恐惧——信任

我需要向你坦白一件事情。帮我一个忙,看看周围,不要让别人听见了。确定没有人了吗?好的。现在,靠近这本书。靠近一点儿,再靠近一点儿。好的……还要再近一点点。啪!没错,我用人造革驾驶手套扇了你一巴掌。现在,你的注意力都在我身上了吧,听好了!你的问题是恐惧。更准确地说,你的问题是无法信任别人。(我知道让你靠近书本,再打你一巴掌,这或许不是获取你信任的最好方法。但是,我要让你清醒一下,以认清这一点。)企业无法扩张,难以像发条般运转,原因不在于工作方法。市面上有许多有效的企业扩张方法,比如吉诺·威克曼(Gino Wickman)的《掌控力》(Traction),迈克尔·格伯(Michael E. Gerber)的《创业神话》(The E-Myth),以及维恩·哈尼什的《指数级增长》(Scaling Up)。然而,采取这些方法和发条原则的大多数人都未能成功扩张企业。

为什么?因为他们无法信任别人,让别人来运营企业。我的意思是,想象一下,你让一个重要员工来辅助运营企业。但几个月后,他却带着所有客户跑路了。这会发生,也确实发生过。再设想一下,你把客户交给新员工跟进,但新员工搞砸了,害你永远失去了重要客户。移交工作的风险似乎太大了,你无法信任别人。我完全可以对你说坚强一点儿,挺过去,只有信任员工,才能让自己从日常事

第六章
第五步：平衡团队

务中脱身。但是，这就好比在你从未受过训练的情况下，我让你坚强一点儿，跑一场马拉松。受伤的风险太大了，你很可能会退缩，甚至再也不尝试。

所以我们得慢慢来。拿结婚举例，你不可能在街上随便找一个人，就走上去让他和你结婚。如果你这么做，很可能会再挨一巴掌，而且对方用的可能就不只是人造革驾驶手套了。你不可能就这么结婚。一般来说，结婚前会先约会，一两次或者两百次；会花时间互相了解；还可能会同居一段时间。总有一个约会的过程……通常来说。

但是一到招聘核心员工甚至商业合伙人时，我们总是过快地做出决策。你只认识了未来的商业合伙人24小时，就认为你们已经能够缔下终身契约，携手共创企业了。不夸张地说，你和合伙人待在一起的时间甚至会比你的伴侣还长，但你审查他的时间却那么少。

所以要慢慢招聘，慢慢建立信任。正如斯科特·奥尔福德所说，赋权时，首先分配任务，然后分配决策权，接着让员工为结果负责，最后才让他们为更高层面上的公司产出负责。

如何统一团队理念

统一团队理念的第一步是理解你的（延伸一下，以及你的企业的）灵魂。你的目标是什么？你的企业的使命是什么？给你带去欢乐的事物和对其他人有正向影响的事物，这两者的交集就是你的目标。比如，我的人生目标是消除企业家贫困。这听上去就像一句空口号，但它对我意义重大。我的企业就是我的人生目标的放大版，因此这句话也是我们企业的使命。

为团队招聘新员工时，我会讲述企业使命的含义，它会如何影响世界，以及它为什么对我这么重要。应聘者可能会认为这个使命很重要，也可能会认为不重要。有的人能产生共鸣，有的人则不能。即使那些无法产生共鸣的人再出色，也不会在使命的驱使下向前进。他们或许表现得不错，但不会长久地待在公司，也不会成就非凡的事业。因为对他们来说，公司的使命是没有意义的。

如果你还没有找到生活和企业的目标，没有关系，这件事情可以随时完成。但是在完成之前，你就缺少了统一团队理念的终极武器，以及推动公司向前的强大力量。你可以从 QBR 中找一找企业使命的灵感。

用生活很美好公司（Life is Good）来举个例子。这家公司的企业使命是"传播乐观的力量"。几年前，我在马萨诸塞州见到了该公司的联合创始人伯特·雅各布斯（Bert Jacobs），他与我分享了他和他的亲兄弟约翰（John）是怎么履行 QBR 的。这两兄弟会在自己的公寓里举办派对，公寓墙上画满了各种图案和短语，他们会在派对上邀请客人把他们认为最乐观的图案和短语圈出来，并送上免费啤酒。这也是公司的吉祥物杰克（Jake）以及公司名字"生活很美好"的由来。这家公司的 QBR 是创作出乐观的短语和图案，从公司成立第一天起，伯特和约翰就赋权社群来支持 QBR。真是天才。

第六章
第五步：平衡团队

确定了企业使命后，请把它挂在嘴边，以各种方式宣传它，不论在公司里还是公司外。向外界不断讲述实现企业使命过程中发生的故事，以及它所带来的影响；分享公司的趣闻轶事，说一说你们是如何实现企业使命的；公开重点表扬实现了企业使命的员工。你为什么做现在自己正在做的事情？企业使命就是背后的原因。企业使命是让你扬帆远航的风。

你要清楚自己的使命，并以此确保团队里的人都是对的人，然后才能把他们安排到合适的职位上。对的人会认同企业的文化，他们不仅仅会支持企业使命（完成工作），更会把自己看作企业的一份子。

确认了团队成员的理念与你的使命是一致的之后，就可以开始把员工调配到合适的位置上，并着手进行工作特质分析。

练习：工作特质分析

你要明白公司中的职位，比如前台、销售等，都分别有着各自的工作清单。这份清单就像圆形的洞，而员工却是方形的塞。找到能出色完成该职位的一切工作的人似乎不太可能。更好的方法是，评估员工的强项，并把他们与不同的工作相匹配，不论职位头衔是什么。比如，如果一个员工拥有出色的电话沟通技巧，那么他或许可以胜任前台、销售或客服工作的某些方面。但他的PPT却做得乱糟糟的,那么他就不太适合前台、销售或客服工作的其他方面。你的目标是把员工的最佳特质与需要这些特质的工作及任务匹配起来。

表3 工作特质分析

工作/任务	胜任特质	重要性 (QBR/高/中/低)	当前职员	最佳人选

(可于Clockwork.life下载打印)

在接下来这项练习中,你将完成工作特质分析,见表3。

  1.在第一列中填入公司某职位的所有工作及任务。把公司中每一个职位的工作及任务都按照这种方法列出来,包括你自己的职位。

  2.想一想员工具备哪些特质才能出色地完成该项工作/任务,然后把这些特质填在第二列中。比如,如果工作或任务是

第六章

第五步：平衡团队

"接听客户来电"，那么胜任特质或许是"专业且自信的声音"或者"富有同理心且明晰的沟通方式"。不要写一些鸡毛蒜皮的细节，比如"会按电话键"或者"会转接电话"。虽然这些能力也是必需的，但是这项练习挖掘的不是员工可以培训的技能，而是难以培训、甚至无法培训的天赋及热情。写下一个特质就可以了，不需要太多。想一想最能推动该任务前进的一个关键特质是什么？

3."重要性"这一列反映了该项工作或任务会对公司产生多大影响。使用下列四个等级标记每一项任务：QBR、高、中、低。QBR 是最重要的；高代表当 QBR 得到保障时，必须完成的主要任务；中与低则是必要但不重要的任务。

4.当前职员：列出目前正在履行这项工作或任务的所有员工。

5.按照特质进行匹配后，在"最佳人选"一列填入最能胜任该项工作的员工。

6.把员工调配至最关键的任务上，从最重要的任务开始，也就是 QBR。把员工的强项和最需要该强项的工作相匹配，然后调岗并观察。

7.不要用职位头衔定义员工，而应用他们自身的最强特质。比如，你找的不再是前台，而是"出色的沟通者"。找出谁是出色的沟通者，然后把需要出色沟通者的工作和任务安排给他们。

8.通过这个方法我们就能摆脱传统的金字塔组织结构。金字塔结构的重点在于资历、权利或地位。在这种组织结构中,员工需要攀登事业的阶梯,通常会进入让他们的特质或能力毫无用武之地的职位。发条型企业中没有这种传统的金字塔结构,而是连接型的网状结构。我们会把员工的强项和需要他们强项的工作匹配在一起,编织成如神经网络一般的网状结构。

工作特质分析的结论运用

回忆一下辛迪·托马森的故事:在明确了记账公司的QBR(让客户安心)后,她是如何从执行中脱身并扩张企业的。辛迪的团队根据发条原则进行调整后,辛迪意识到自己还需要做出几点改变。

布瑞(Bree)是辛迪团队中的一名簿记员,她遇到了一些困难。她非常友善,客户也都喜欢她,但她的工作表现却时好时坏。布瑞善于记录工作流程,也乐于帮助团队成员。然而,她更倾向于从宏观角度思考问题,细节不是她的强项。布瑞的产出质量参差不齐,曾经对她称赞有加的客户非常失望。

在这个时候,大部分企业家会得出结论——这个员工无法胜任工作,并开除她。但是,辛迪怎么说也是个发条型人才,她本能地知道应该把员工的特质与最能从该特质中受益的工作相匹配。辛迪知道布瑞是一个优秀的沟通天才,如果把相应的工作安排给她,她

第六章

第五步：平衡团队

一定会表现得非常出色。我们的目标不是为布瑞创造岗位，而是了解把她放在哪一个岗位上，才能让企业真正地获益。

与此同时，辛迪的助理莎拉（Sarah）离职了，她要和丈夫一起环游世界。莎拉允诺，为辛迪找到自己的接替者。在这个过程中，莎拉把她在这个职位上遇到的困难告诉了辛迪。莎拉表示，如果自己拥有会计背景，就能够更好地辅助辛迪，帮她打理工作。

我和辛迪一起平衡她的团队，记录下了团队成员的工作喜好及天生特质。我们发现，辛迪需要卸下的工作恰好与布瑞的技能相吻合：建立企业制度、开发培训项目和管理营销工具。

"结果太棒了。"辛迪告诉我，"布瑞精力充沛，像个发电机。一开始，她在幕后工作：她准备好报价，我来和客户沟通。她做得非常好。现在，筛选客户、准备报价和向客户展示方案都由她负责了。"

布瑞转岗成辛迪的助理解决了团队的三个问题：布瑞从不适合的工作中解脱出来，进入了喜欢的职位；布瑞能够利用自己的技能和爱好应对助理工作的独特挑战；辛迪卸下了更多的执行工作。了解团队成员擅长的工作和天生喜欢的工作后，我们就能把合适的人调整到合适的职位上。

几个月后，就在这本书印刷之前，辛迪给我发了一封邮件。她告诉我，公司拿下了一个新客户，而她完全不知道客户是谁，这可是史上第一次。也就是说，布瑞和团队的其他成员担负起了所有工作。辛迪给新客户发了一封简短的邮件："感谢您选择了我们。"片刻后，她收到了客户的回复："我喜欢你们公司，体验非常棒。感谢您与团队所做的一切。"过去,辛迪包揽了所有的客户沟通工作,总是冲在第一线。而如今,在平衡了团队的短短几个月后,辛迪只需给心满意足的客户发一封感谢邮件就可以了。这就是发条型企业,我的朋友!嗒哒!现在,让我们来改变你的企业吧。

练习:发条型团队时间分析

如果企业想维持运转并实现增长,那么就必须积极主动地"执行"客户关注的事项。并通过"规划"打造出满足客户需求的最佳方法,同时让公司自动化地完成它们。

凯尔·基根(Kyle Keegan)运营着一家灾情(火灾与洪灾)善后公司——K团队服务公司(Team K Services)。他喜欢执行工作,喜欢亲自前往现场帮助人们。每周至少有几个小时,他会亲力亲为,让双手沾满泥土。他从实地工作中学会了如何更好地运营公司。他为公司制定的QBR是"快速且精准的判断"。凯尔的大部分客户在几个小时前才经历了一场灾难,而这个QBR可以让客户迅速理解灾后重建的措施及费用。

然而凯尔发现,他的执行阻碍了公司的增长。于是,他开始思考内部员工的最强特质,寻找具备履行QBR特质的员工。找到答案后,他就可以把更多时间用于规划,带领公司走向下一阶段。凯尔找到了两名履行QBR的理想人选。随后,他开始平衡团队,确保

第六章

第五步：平衡团队

团队能够保障并履行 QBR，也确保自己拥有足够的规划时间。为了维持企业的平衡状态他完成了团队时间分析，你也可以这么做。

按照以下方法，进行发条型团队时间分析：

1. 我在前文说过，公司的最佳时间比例是 80/2/8/10。80% 是执行：完成任务，直接或间接地服务于客户，为客户带去价值；2% 是为他人做决策：做必要的批复，并在特殊情况下帮员工做决策；8% 是把资源的管理工作赋权给其他人。这里重申一下，赋权不是为他人做决策，而是把工作的所有权分配给他人，并在必要时领导大家，以获得更大的产出。以及 10% 是规划策略，规划能够让其他三个 D——执行、决策及赋权——越来越高效。

2. 在只有一个员工（老板自己）的公司里，员工就是公司，所以员工的时间分配应该以 80/2/8/10 为目标。

3. 如果有多名员工，那么就需要平衡团队的工作时间，让平均值达到 80/2/8/10。比如，你个人的时间分配或许是 60% 执行、4% 决策、16% 赋权、20% 规划。假设公司还有一个员工，他的工作时长和你一样，那么他的执行时间占比需要达到 100%，才能让公司整体的执行时间达到 80%——员工的 100% 与你的 60% 的平均值。以此类推，我们可以计算出公司其余三项工作的时间占比为 2% 决策（你与员工的平均值）、8% 赋权、10% 规划。

4. 使用团队 4D 时间分析图表，计算出公司的 4D 模型。把

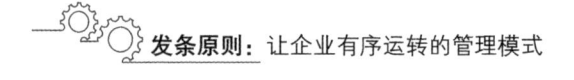

每一个员工的工作时间都计算进来,同时要考虑到工作时长的权重。比如,你每周工作80小时(顺便说一下,工作时长这么长不符合发条型企业的精神,我们需要马上解决这个问题。),另一个员工每周工作8小时,那么你的权重就是该员工的10倍。

归纳总结:前五个步骤的实际运用

现在,你已经了解了发条原则的前五个步骤,接下来我会向你展示,这五个步骤将如何共同作用:不仅能精简企业,还能创造大幅增长。我虚构了一家企业——异域餐盘公司(Outlandish Dish)。这是一家美食旅游公司,专为说英语的国家的"吃货"打造欧洲美食之旅,客户主要来自澳大利亚、加拿大、英国和美国。他们开设了为期3天的"走马观花"团和14天的"深度沉浸"团。在旅途中,客人将体验不同国家的地道美食,与大厨面对面交流,学习食物的历史,拜访经营当地特色风味的农场主及美食手艺人。

公司老板名叫罗伯托·诺莱托(Roberto Nolletto),是生活在巴黎的意大利人,公司总部也设于巴黎。罗伯托负责监督公司业务,每年会带队四次"深度沉浸"团,还需要开发新项目。罗伯托创立这家公司的原因是,他热爱体验不同的美食及文化。他曾经自己组织朋友前往各地品尝美食。与他一起吃饭时,可以听他讲述食物背后的故事与历史。希望与他共赴美食之旅的朋友排起了长队。因此,

第六章

第五步：平衡团队

罗伯托决定创立异域餐盘公司，把热爱变成事业。

他们公司的美食之旅通常由日内瓦著名的奶酪大餐拉开序幕，然后前往德国品尝德式香肠（讽刺的是，德式香肠是德国最棒的食物①）；在享用了意大利无与伦比的面包和意大利面之后，以法国的红酒、甜点及世界级美味的前菜作为收尾。在每一趟旅程的最后一晚，罗伯托都为客人安排了烹饪项目：他们将在世界名厨的指导下亲自下厨；然后再享用美食，纵情狂欢。这样的客户体验让异域餐盘公司享誉世界，好评如潮。

然而问题在于，虽然美国和加拿大是公司主要的客户市场，但他们却很难吸引来自这两个国家的客户。罗伯托在美国花了重金营销，可美国客户仅占公司客户的20%，公司80%的客户都来自澳大利亚和英国。

罗伯托希望公司能够像发条一样运转及扩张。但是，公司陷入了困境。他们年收入达350万美元，可盈利却不多。公司共有25名员工，除去罗伯托，还有14个导游，1个网站开发人员，1个市场营销人员，2个销售人员，3个行程规划师，1个行政人员和两个会计。罗伯托已经负担不起更多人手了，而与此同时，他的员工也不够用了。他需要更多的员工来提高美国市场的营销效率，以及更多的导游。罗伯托自己需要辅助营销工作，开辟新的路线，还要亲自带团。他没有办法再延长工作时间了，他已经累坏了。

---

① 德式香肠原名为 wurst，发音与 worst（最差的）近似。——译注

发条原则：让企业有序运转的管理模式

罗伯托开始实施发条原则，他为自己和员工完成了便利贴练习。罗伯托是那种"我可以完成一切工作"的企业家，他在公司中承担着各类职能。他为自己确定了六项关键工作：开辟新路线、招聘导游、与客人建立联系（包括分享故事）、管理现金流、带队旅游团以及维护与供应商的关系。罗伯托让团队成员也完成了便利贴分析，确定了各自的主要职责：导游的主要职责是在旅途中积极主动地管理行程；销售的主要职责不是向任何人进行推销，而是了解客人真正想要的并向他们推荐合适的旅行路线，并且不要被"客人自以为想要的产品"牵着鼻子走。所有人都有自己的主要职责，包括罗伯托。罗伯托的主要职责是与客人建立联系，他在这个方面能力强得惊人。罗伯托一旦与客人建立起联系后，客人就会变成终身用户，其中有超过一半的客人每年都会参团，持续时间长达10年或更久。但如果罗伯托不亲自与客人建立联系，那么客人的"复购率"会下滑至20%。

罗伯托在办公桌上贴满了写着主要职责的便利贴，并使用演绎法对工作进行删减，最后留下一项"为钱包而做的工作"。毫无疑问，这项工作能为公司带来巨大改变，他宣布公司的QBR是与客人建立联系。罗伯托很会讲故事，他能让客人在旅行开始前就兴奋不已，在旅途中兴致满满，并在旅途后滔滔不绝地和别人分享见闻。

接下来，罗伯托开始保障QBR。也就是说，他首先要把占用了最多时间的非QBR任务砍掉——带队旅游团。他需要更多时间来与潜在客户建立联系，吸引他们参团，他还要和已经下单的客人建

第六章
第五步：平衡团队

立联系。罗伯托把自己的导游工作移交给了另一名导游,这名导游完成得很不错,这为罗伯托腾出了许多时间。然而,第一趟没有罗伯托当导游的旅程结束后没多久,客人的投诉就纷至沓来,原因都是一样的:"罗伯托去哪里了？我们要听他讲故事！"事实证明,客人虽然喜欢旅游和美食,但也怀念罗伯托。于是,业务再一次停滞了。

一开始,罗伯托认为,他需要恢复往日的工作方式,重新开始带队旅游。但是他知道,只有傻瓜才会这么做。亲自带团只会让他回到原点,回到并不奏效的工作方法上。罗伯托明白,要将企业带向新的高度需要他完全改变思考方式及工作方法。

过去,带团占据了罗伯托太多的时间；如今,他没有重返导游职位,因此有了许多时间思考QBR。一天晚上,罗伯托正与公司新来的会计玛丽耶特(Mariette)谈话。玛丽耶特说:"我们公司的QBR是讲故事,而你是QBR的履行者。虽然带团不是QBR,但你在旅途中讲故事的环节是QBR。你为什么不在旅途开始和结束时去见一见客人呢？你不需要花整整两周的时间带团,只需要抽出一两天服务客人就可以了。大部分的团都会经过巴黎,而我们的大本营就在巴黎,你只需要离开办公室四五个小时,去给客人讲一讲故事。"

罗伯托喜欢这个想法,但心中还有疑虑。他知道讲故事是QBR,但他不相信自己在旅途开始和结束时出现一会儿,能有多大改变。

罗伯托是对的。这个小调整并没有带来太大的改变,而是带来了巨大的改变。

罗伯托会在晚餐时闪亮登场,无需带团旅行的他精力满满,激情澎湃。他以故事盛情款待客人,一字一句都充满了吸引力。而且,他无需将整整两周时间花在"深度沉浸"团上。因此,他可以为每一个团的客人讲故事,包括为期 3 天的"走马观花"团的客人。

好评如潮。体验了 3 日团的客人纷纷开始预定 14 日团。他们希望体验更多,听到更多的美食故事。过去,只有作为招牌的"深度沉浸"团拥有 50% 的复购率;而现在,每一个团的复购率都达到了 50%。短短一年内,公司销售额提升至 450 万美元。异域餐盘公司不再是众多美食旅游公司中的一家,而是人们心目中最好的美食旅游公司。罗伯托提高了旅行团的价格,也提升了公司的利润。他把便利贴上其他工作的工作方法录了下来,好让团队接手更多的执行工作,让自己拥有更多的规划时间。

但是,还有两个问题没有解决。一个问题是团队仍只有 25 人。所有人都将工作重心放在了保障 QBR 上,而不断增加的客户需求让导游团队不堪重负,他们需要招人了;另一个问题是,美国市场的销售额依然不理想。

罗伯托使用了团队时间分析法处理第一个问题,减轻团队的负担。他评估了分析结果,发现公司在决策、赋权和规划阶段的时间占比非常高,总计达到 40%。罗伯托非常吃惊,因为导游们一直说自己非常忙碌(执行)。

仔细分析后,罗伯托明白了。他意识到是三个行程规划师导致了这种倾斜的 4D 模型。行程规划师负责了许多行政任务,他们将

第六章
第五步：平衡团队

大部分时间用于决策（为导游做决策）、赋权（把资源和责任分配给导游）以及规划（制定各类新路线）。因此，行程规划师也在超负荷工作，压力很大。大部分路线都已非常完善，三个行程规划师似乎太多了。而且，公司也不需要开发太多的新项目。罗伯托决定不再开发新路线，而是把更多精力放在受欢迎的经典路线上。他决定保留最成功的路线，并每年进行更新：新的餐厅、新的大厨；其余元素则保持不变：一样的城市、景点、酒店和交通方式。这个决定让行程规划师轻松了许多，也减少了连带的决策、赋权及规划工作。

导游也需要减负。以支持导游为目标，罗伯托为团队进行了工作特质分析，而导游的关键特质是客户关怀。罗伯托很喜欢一句话："没有人在意你知道多少，直到他们知道你有多在意。"对导游来说，虽然对旅行目的地的了解、解决问题、随机应变的能力都非常重要，但最重要的还是对客户的关怀。

评估了工作特质分析的结果后，罗伯托注意到，三名行程规划师中的珍妮特（Janet）非常善于关心客户。珍妮特是美国人，为了照顾年迈的奶奶，她移居巴黎，并爱上了欧洲和这座城市。在行程规划师的职位上，她把对客户的关怀体现得淋漓尽致。比如，在开发新路线时，她会给厨师和供应商送礼物。即使是落选的厨师和供应商，她也会和他们保持联系。虽然珍妮特从来没有带过团，但她具备导游的关键特质，她一定能在这个职位上大放异彩。

罗伯托为珍妮特安排了一个带团任务，虽然他很想为珍妮特保驾护航，但是他知道，必须要让公司实现自主运转。于是，罗伯托让

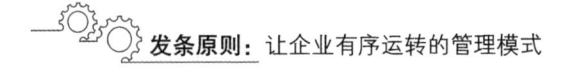

珍妮特在三日团中辅助另一个导游,跟着那个导游学习。第三天时,她就已经能带团了。那个导游给予了珍妮特极高的评价。在这之后,罗伯托又为珍妮特安排了首次独自带团的任务,并让其他导游随时支援,但珍妮特几乎不需要别人的帮助。在第二次独自带团时,她就已经能完全独立工作了。短短几个月内,珍妮特就成为公司里评价最高的导游之一。

异域餐盘公司依旧有25名员工。公司的重点从开发新路线转移到改善已有的成功路线后,罗伯托发现两名行程规划师还是太多了。他分析了他们的特质,其中一名行程规划师名叫桑卡拉(Sankara),他兼任摄像师和编辑。桑卡拉会抓住任何一个机会进行拍摄。罗伯托想起了玛丽耶特某次给出的建议:公司或许可以借助视频打入美国市场。但是,罗伯托不愿在大部分员工已经超负荷工作、疲于应付客户需求的情况下,再让一个员工承担拍视频的工作。罗伯托询问了珍妮特的意见。后者表示,美国人在Facebook和YouTube上看视频的频率高于看电视。

于是,罗伯托把旅途摄像师这份新工作与桑卡拉的天赋匹配在了一起。两天内,桑卡拉就与罗伯托、珍妮特拍摄了第一个视频,目标受众是美国市场。在视频中,珍妮特表示异域餐盘公司会给大家带去改变人生的体验,并介绍了罗伯托出场。罗伯托分享了克里斯托弗·哥伦布(Christopher Columbus)的故事,故事情节引人入胜。哥伦布横渡海洋,发现了富饶的美洲;而罗伯托希望邀请美国人来到欧洲,探索欧洲的丰富美食。罗伯托还讲述了自己和美国客人之

第六章
第五步：平衡团队

间有笑有泪的故事，并邀请新客人们前来游玩，他将亲自为他们倒上一杯葡萄酒。

这个视频在 Facebook 上火了，罗伯托很受欢迎，他的人格魅力无与伦比。很快，异域餐盘就收到了大量美国人的订单。每个人都在对的职位上以合适的工作量把对的工作做好，整个团队都在履行 QBR，而且罗伯托有足够的时间规划公司。因此，异域餐盘的业绩大幅增长。

异域餐盘在美国市场打响了名声，并迎来了意外之喜：美国一家主流电视台联系了罗伯托，希望打造一档欧洲美食之旅的节目。罗伯托讲故事的能力令他受益良多。节目播出后，他成名了。公司订单量急速上涨，年收入远远超过了 1000 万美元。

你或许以为故事到这里就结束了，但是罗伯托还没有收手。他的最后一步，是把自己从 QBR 中摘除。你或许早就猜到了。珍妮特和罗伯托具备相同特质，她成为"首席故事演讲官"。罗伯托享受着电视领域的新征程，而他的团队如发条一般运营着异域餐盘公司。

这个故事的结局似乎过于美好了。但你对企业的所有梦想，你希望公司达成的所有目标，你渴望对这个世界做出的所有贡献，都是可以实现的。前提是你没有被自己不应该做的工作束缚，且你的团队如发条般运转。

◆ ◆ ◆

改变并不容易，相信不用我说你也知道这一点，但我还是要提醒你，因为在实施了发条原则的前五个步骤后，你一定深有感触。

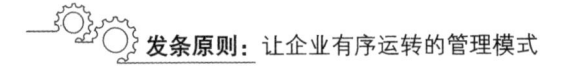

即使业务蒸蒸日上,即使你有了更多的时间规划企业,但是你依旧会因为改变而倍感压力,尤其当你改变的是团队的平衡。你的员工也会感受到这个改变,他们在新的职位上会没有安全感,或者担心自己要被开除了。请让留在团队中的员工安心,听取他们的顾虑,肯定他们在团队中的位置。在这个过程中,不要忘了深呼吸。是的,改变并不容易。但是,改变也能为你带来自己想要的——一家自主运转的企业。

发条原则的实际运用

1.平衡团队是一个持续的过程,不可能在 30 分钟或者一天内完成。本章中的练习将帮助你达成团队的平衡:做好计划,每周完成一项练习;分析数据,确保对的人在对的职位上,以合适的工作量把做对的事情做好。

2.进行时间分析,确保公司大约 80% 的时间用于执行。公司资源扩张或收缩时,做好记录,让执行时间保持在最佳比例——80% 左右。

3.评估团队成员,找出他们的强项和特质;评估企业的日常工作,找出 10 项必须完成的最重要的工作。然后,把员工的强项特质与最需要这些特质的工作相匹配。

CLOCK
WORK

第七章

第六步：明确服务对象

"我们不会去那些肯定能大获全胜的地方,我们之所以选择某个地方,是因为我们感受到了召唤。"

莉泽·屈克(Lisé Kuecker)曾拥有五家时刻健身(Anytime Fitness)的加盟店。有一天,她在电话上与我分享了她的故事。她向我强调,她从来不会生活在门店所处的州。为此,她换了好几个州生活。考虑到她的丈夫当时是在役军人,这多少可以说是一件壮举了。

莉泽在新奥尔良长大。当地人喜欢暴饮暴食,肥胖率一路高涨,这激发了莉泽对健身的兴趣。很快,帮助人们减肥、解决他们的健康问题成为深植于莉泽内心的爱好,以及她公司的"美好无畏又崇高的远大目标"。丈夫被调遣至外地时,莉泽开始开设健身房。她没有考虑大城市或高收入地区,甚至没有考虑自己生活的社区以及周边车程范围内的地区。她选择了最需要她的城镇。虽然从数据上来看,她似乎无法在这些小城镇中完成会员数量的增长目标。

"我们在明尼苏达州买下了一家经营不善的加盟店,包括银行业务员在内的人们都以为我们疯了。"莉泽告诉我,"售价是50000美元,几乎就是器材的成本。一年半前,老板便决定卖了这家店。这里的经营状况一直不好,没有任何增长。而他家竟有350个会员,已经是个奇迹了。可能因为是当地人,老板很受人们的敬爱。"

没有人认为莉泽会成功,甚至没有人认为她应该做这样的尝试。但即便如此,她依然买下了明尼苏达州小镇上这家"垂死"的健身房。当地的肥胖率相当高。莉泽知道,她能够改变这一点;她也知道,与肥胖相伴、努力减重的人正是她希望服务的人。首先,莉泽关心这个群体,希望他们能减肥成功;其次,如果她能帮助他们,那么这个群体的会员忠诚度会更高,高于那些无需克服如此大的减肥难题的客人。

"在二月寒冷的一天,我一个南方人开着租来的四驱车,来到了这家健身房。"莉泽笑着说,"我们马上开始动手翻新,我也开始给会员打电话。"

在接下来的一个月中,莉泽亲自给350个会员都打了一遍电话。有的时候,她会和会员聊整整一个多小时,询问他们对健身房的意见以及重新开张后,他们希望看到哪些变化。莉泽聆听着他们的故事、健康目标,以及他们主动分享的生活隐私。每一通电话结束后,莉泽都会把会员的愿望以及他们生活中最重要的片段记录下来,以免遗忘。

健身房的经营状况很快有了好转。不到一年,这家门店的业绩就在时刻健身的所有加盟店中排到了前5%。但是,你知道真正令

第七章

第六步:明确服务对象

人惊讶的是什么吗?除去在门店中工作的第一个月外,莉泽每周的平均工作时长为 5 小时。是的,我没有写错。不是 55 个小时,而是 5 小时。而且,5 小时是管理五家门店的总时长。我希望你明白的是:她每周的 5 个小时都是在规划企业,而不是在执行。在下一章,我将进一步与你分享莉泽的故事,以及她是如何做到每周只工作 5 小时的。而在本章,我将告诉你发条原则的第六步:下定决心。

下定决心指的是,你将把 QBR 的神奇力量瞄准哪些受众。不聚焦的话,世界上的所有力量都是无用的。把一张白纸放在太阳下,什么也不会发生;而如果用放大镜把阳光聚焦在白纸上,却能生出火来,这就是聚焦的力量。下定决心就能聚焦 QBR 的神奇力量,以前所未有的方式点燃企业的效率和增长。

下定决心是一种宣告式策略,极其简单却非常有效。你需要明确你的服务对象是谁,以及你将如何服务他们。注意,我没有说"找出"你的服务对象以及服务方式,我想你对这两点已经有一定的概念了。在这一步,我们将从你的客户群中筛选出最佳客户,我把他们称作"头部客户"。你也可以把他们叫作"梦寐以求的客户",或者"最好最好的朋友",或者"像迈克一样的客户"。不论使用哪种叫法,你都应该明白我想表达的意思了。

理清了服务对象及服务方式后,你必须忠于这个人群。这就是为什么这个关键的步骤叫作"下定决心"。如果你跳过了这个步骤,那我很遗憾地告诉你,你将永远无法真正地认识到什么是发条型企业——你的公司无法为过于宽泛的服务对象提供营销、销售和服务。这会束缚企业的发展，而你自己也无法解脱。明白了吗？发条原则不仅仅为公司打造引擎（协调内部事务），也能始终如一地往引擎中加入对的燃料——你的头部客户。

我的建议是，在你的办公桌前，以及所有员工及外包商的办公桌前，贴一张宣言。请填空：

我们下定决心，以_____（方式）服务_____（对象）。

是的，就这么简单。PFP公司的决心是通过为会计专业人士定制方案，从而让他们在市场中脱颖而出。那么莉泽呢？我相信，你已经知道她决心服务的对象是谁了。但是，她是"如何"服务他们的呢？

莉泽健身房的QBR是客户支持。"我们致力于帮助客户达成他们的健身目标，这非常重要。"她解释道，"如果客户感受到了我们的支持，且训练课程能让他们坚持下去，那么他们就能坚持健身至少90天。大部分人只能坚持30天，流失率非常高。而我们的客户在90天后，留存率可达70%，该行业的平均留存率只有40%。"

我试着为莉泽做一份决心宣言：莉泽的时刻健身致力于为努力减肥的肥胖、超重人群提供服务，为他们提供特殊训练及客户支持以帮助他们达成目标。听起来不错吧？

你的目标是一句简单而实在的宣言，不要写诗，也不要写华而不实的口号，想清楚服务对象及服务方式就可以了。在这一章中，

第七章

第六步：明确服务对象

我将帮助你打造你的决心,并告诉你为什么这一步在发条原则中如此重要。

"所有人"并不是你的市场

跟我读。

"谁?"

"谁?"

再来一次,要像猫头鹰一样①。

"谁——?"

"谁————?"

多问"谁",少问"如何"。我服务的是谁?这是所有想精简企业的老板能够问出的最重要的问题,但却很少有人问。

当我询问企业老板,他们服务的细分市场是什么时,许多人的回答都类似于"我的细分市场是所有人"。这个回答是自我矛盾的,这就好比你说今天是个干燥的雨天;或者你身旁坐着一个瘦瘦的胖男人;又或者感恩节是禁食的一天。这些话都不成立,这些情况既不存在,也不合理。

发条原则必须提供始终如一的产品。你需要创建可预测的流

---

① "谁"的英文单词为 who,发音与猫头鹰叫声近似。——译注

程,获得可预测的产出。因此,必须减少不确定因素。做更少的事情满足最小范围内的预期,可预测性就会大幅提升。如果莉泽决定面向多类型的客户,会发生什么?比如向健美运动员营销,为他们提供服务?或者铁人三项选手?又或者沙滩上的那些瘦子,以及把沙子踢到他们脸上的那些更瘦的人?她还能以相同方式和所有客户建立联系吗?这些客户会对她做出同样的回应吗?他们对健身房的预期是一样的吗?他们需要的训练和支持也是一样的吗?所有问题的答案都是"不"。

如果为五类客户提供三款产品,且每类客户对产品都有着自己的需求,那么你就需要提供 15 款产品。更准确地说,你提供的是 15 款略带差异的产品。若想把每一款产品都打磨成卓越的产品,就必须把 15 款产品都做对。也就是说,你进入了 15 个可能会犯错的领域。

假设现在,你为一类客户提供三款产品。这一类客户的需求大致相同,你只需把这三款产品打磨完美。把三件事情做对远比把 15 件事情做对简单,出现问题时也更容易解决。

产品越少,客户类型越少,变化也就越少。也就是说,你可以把工作做得更好。变化越少,获得好结果所需的资源就越少。简单来说就是,做得越少,收获越多。(我甚至想在你的 Kindle 上把这句话标亮。)

传统理念教导我们,首先要明确服务对象,然后再调整产品,满足他们的需求。如今流行的说法是"转型"(pivot),但这个词总会被替代的。"转型"之前的说法是"拐点"(inflection point),"拐点"之前是"典范转移"(paradigm shift),再之前的则是"那么那么,我们到底

第七章

第六步:明确服务对象

该怎么办?"这一切说法的重点都在于必须把客户想要的东西卖给他们,不然就什么也卖不出去。从表面上看,这个理论似乎是成立的,但它忽视了成功企业中最重要的因素——你。

我曾见过极其风光的企业转型失败,遭人唾弃。老板不断地改变产品以满足客户需求,直到客户开始购买。但在这个过程中,老板忘记了自己想要的是什么。他们忽略了内心的声音,也忽视了那张最重要的黄色便利贴——那项推动企业发展的工作。他们忘记了自己的QBR。即使企业赢得了客户的欢心,但是老板的初心与企业的灵魂却遗失了。我见过许多企业在转型后,老板却开始厌恶自己的企业。当然企业赚钱了,但代价是什么?

害怕上班还怎么体验生活?这就是为什么首先要明确自己想要的是什么,这非常关键。你希望自己因什么而出名?你的灵魂歌颂的是什么?因此,我们必须先挖掘你的QBR,履行它、保障它;然后平衡团队,让团队围绕在QBR周围;接下来才是寻找愿意购买产品的人群。不要因为客户的想法而转型,而是明确自己想要的,并找到愿意为此买单的客户。不要转型,而要将两者统一。永远记住这一点。

谁是你的服务对象?

你已经知道了企业的心脏(QBR)是什么,也推动了团队去保障、服务企业（最佳 4D 模型），那么现在你可以开始明确哪些客户最能从中受益。

如果你的企业刚刚创立还没有客户，那么我将和你分享一个方法，你可以通过这个方法来明确客户；如果你的企业已较为成熟，正服务着不同类型的客户，那么你在寻找与 QBR 相一致的客户群体上就已经领先一步了。

在《现在开始，只服务最佳客户》中，我概述了找出并克隆最佳客户的方法。重点在于，知道了谁是头部客户后，下一步就是"克隆"他们——吸引具备相同品质的客户。稍后我会与你分享这个方法的简略版本。但是我想先声明一点：没有人能保证，你目前的客户群体中存在着最佳客户。我曾在多家客户公司中实施过这个方法，其中有几家公司竟找不出一个他们希望克隆的理想客户。但这也说明了，在其余大部分公司的客户群体中，确实存在着他们想要克隆的客户。如果你也有这么一个客户，那么你已经走上了捷径——在该客户群体中实现增长的捷径。

写完了《现在开始，只服务最佳客户》这本书后，我又发现了在明确服务对象的过程中还必须知道的两个因素。我意识到虽然客户的心理特征——生活方式、性格、志向、价值观和兴趣爱好——确实代表了某种细分群体，但这些群体难以触达，因为他们通常没有成规模的聚集点。聚集点是指志同道合的群体会定期聚会以扩充人脉，并在聚会上分享知识。几乎所有的商业行业、大量的职业群组及消费者群组，以及一些因处于相同人生阶段而形成的群组中都

第七章
第六步：明确服务对象

存在着聚焦点,但聚集点却极少存在于因思维观念相同而形成的群组中。

举个例子,如果想把产品卖给葡萄园园主(商业行业),你可以轻松找到葡萄园协会,谷歌上随便一搜就能搜到 25 个,而且肯定远远不止这些;如果想把产品卖给飞行员(职业群组),你可以联系飞行员的协会,协会名字竟然就叫美国航空公司飞行员协会(Air Line Pilots Association,简称 ALPA);如果想把产品卖给喜欢喝葡萄酒的人(消费者群组),你可以找到葡萄酒爱好者组织;如果想把产品卖给新手妈妈(人生阶段群组),这样的组织也不少。但是,如果想把产品卖给"认为一边驾驶飞机一边喝葡萄酒是有益的新手妈妈飞行员",那你多半找不到这样的组织,我只能祝你好运了。即使这种思维观念存在,我们也无法预测他们将会以什么方式聚集,因此很难接触这个群体。如果你的客户的心理特征还没有聚集点,你就需要亲自为他们打造社群了。

你下定决心服务的对象是谁,这最终取决于他们是否有已成型的聚集点,以及你是否能够持续触达他们。举个例子,我的客户加里(Gary)说,他的最佳客户是一个经营面包店的单亲妈妈。她的收入突破了 100 万美元大关,但因工作繁忙而倍感压力,还要抽出时间养育孩子。而且,她无法忍受自己的妈妈,所以没有人能帮她看孩子。

加里(我叫他大 G)告诉我:"给我 10 个这样的客户,我的利润就能飞涨了,而且我只需要为她们做一件事情。我找到了我的细分市场!"

我说:"我想问问你,大 G。你刚才说,你想拥有更多'憎恨自己妈妈的单亲妈妈企业家'这种类型的客户,对吗?"

"完全正确,就是这样。"

我让加里告诉我,她们的聚集点在哪里:"这群人通常在什么地方碰面,互相学习,分享故事呢?SMHMBC 的聚会场所是哪里?你知道的,就是憎恨自己妈妈的单亲妈妈商业俱乐部(Single Moms Hating Moms Business Club)。"

加里的回答是"没有"。没有聚会,没有研讨会,没有播客,没有网站,一个聚集点也没有。是的,两个憎恨自己妈妈的单亲妈妈可能会在某场办公室聚会上遇见,然后成为好朋友。但是,这种偶然发生的事情不能算作聚集点。聚集点是持续地聚会、学习、分享,而这个群体没有聚集点。也就是说,加里遇到了阻碍,没有群组能让他触达。他可以——也应该——去问问他的头部客户,看看她通常会在哪里与思维观念相同、处境相同的人们约会见面,她们或许拥有"地下组织"。但是,加里客户的心理特征非常狭窄,难以形成社群,就连这个群体真正存在的概率都很低。

了解到这个新信息后,加里开始使用新方法来寻找客户群。他问了问自己,他最喜欢的客户具备哪些特征,且人们会为了其中的哪一些特征形成社群。该客户具有以下特征:她经营着一家成功的面包店;她工作压力很大;她是一个单亲妈妈企业家;她憎恨自己的妈妈。

第七章
第六步：明确服务对象

找出四个特征后，加里问自己对哪一个特征最感兴趣？大G非常喜欢面包店这一点。他对生产制造业兴趣浓厚，而面包店正处于这个行业。另外，他认为自己可以比其他供应商更好地共情单亲妈妈企业家，为她们提供支持。因为他是被单亲妈妈企业家抚养长大的，而且他自己也是个单亲爸爸。加里对另外两个特征不感兴趣，也没有办法出一份力。

确定了这两个因素后，加里进行了一次大测验。聚集点存在吗？在谷歌的帮助下，答案唾手可得。加里在谷歌上输入了"面包店协会"。很简单，不是吗？不出意料，他查到了美国面包师协会、美国烘焙学会、独立面包师协会等。他还找到了相关的线上论坛、Facebook 小组。这一切都意味着这是一个成熟的社群，而且他们会聚集在一起。这就是机会！

加里又搜索了"单亲妈妈企业家协会"，但一无所获。不过，当他输入"单亲妈妈企业家小组"时，却找到了一个线下聚会小组，有12个组员。毫无疑问，这是一个重要的企业家小组，但却不是大G的商机。这个聚集点还不成熟，打入这个群体非常困难。

于是，加里决定深挖面包店这个特征。他和最佳客户进行沟通，询问她应该怎么打入这个群体。这个客户已是某面包店相关协会中的一员。获得了客户的建议后，加里开始探索最佳潜在客户的聚集点。从那以后，他的企业就像完美发酵的面包一般膨胀了起来。

有的人会把细分市场定义得过于宽泛，他们喜欢为"有钱人"及

"小微企业"提供服务。这两者或许有聚集点,但是他们所分享的知识是笼统的,而且他们的需求已人尽皆知。

你需要找到一个人群,他们会重复地在一个或多个聚集点碰面以解决自己的特殊需求。在这些聚集点,你会看到同一批潜在客户、供应商及关键意见领袖(KOL)一次又一次地出现。聚集点不一定是线下的,可以是 Facebook 小组,也可以是播客或杂志的订阅人群。理想情况是,这个群体拥有数种方式联系群体的成员以互相学习。如果某个人群表现出了重复性的聚集及学习行为,这就意味着你可以触达他们,并将自己塑造成能够满足他们特殊需求的人。

现在,就让我们来找出你的服务对象吧。我曾在《现在开始,只服务最佳客户》中详述了方法,而接下来,我会与你分享一个非常简短但增添了额外内容的版本(见表4)。即使没有读过这本书,这项练习也足以让你明白怎么"下定决心";就算你读过了这本书,并使用了书中的"南瓜法则"让企业实现爆炸性增长,也请完成这项练习。为客户加上"聚集点"的要求后,你会对你的头部客户产生新的看法。

1.首先,评估已有的客户群,按照消费从高到低对客户进行排序,列出清单。这一步非常重要,在你的产品或服务上花钱最多的人,尤其是重复购买的人,他们是在用行动表达对你的重视。不要相信人们说的话,要相信他们的钱包。换句话说,人们可以为你许下"山盟海誓",但他们在你身上花的钱,或者没有花的钱,才能透露其真实意愿。

第七章
第六步：明确服务对象

2.然后，评估清单上的每一名客户，把他们分成两类：喜欢或者厌恶。也就是说，你喜欢他们还是厌恶他们，或是介于两者之间？你会自然而然地为最喜欢的客户提供卓越的服务，这是你潜意识的真情流露。相反，你会逃避或拖延为厌恶的客户提供服务。而介于两者之间的客户将得到你时好时坏、漫不经心的服务。

3.接下来，把每一名客户所处的群体记录下来，包括行业、职业、消费者群组和人生阶段群组。

4.最后，找出所有的聚集点，也就是他们有组织地碰面的地方。

表4 喜欢/厌恶分析

客户	喜欢/厌恶	群体	聚集点

你对这个群体是否感兴趣和他们是否拥有聚集点是两个最重要的因素，甚至比你对目前客户的热爱程度还重要。拥有可克隆的好客户对你来说非常有帮助，但即使你在某个群体中一个客户也没有，你也是可以触达该群体的。此外，你喜欢某个客户或厌恶某个

客户并不代表着你就一定会喜欢或厌恶他们所处的群体。

这一点对你热爱的客户同样适用。你要知道,他们代表的是你进入一个行业的捷径,可能会让你接触到其他好的潜在客户(好客户总会认识其他好客户)。但是你也要知道,在一个好的群体中也会存在不好的客户;你的蠢货客户不能代表他所处的群体,只能说他或许不是打入该群体的最好方法。表5为评估客户群体练习的几个样例,仅供参考。

表5 喜欢/厌恶分析样例

客户	喜欢/厌恶	群组	聚集点
样例客户	喜欢	地板砖行业	全国地板砖协会
ABC公司	厌恶	酒庄老板	葡萄酒时间播客
XYZ公司	喜欢	长途货运	货车协会 货运研讨会

我要和你分享的第一个知识点是,根据聚集点来判断市场的可行性。如果某个市场的聚集点数量多且活跃度高,那么就说明该市场中的人群会通过已经成熟的渠道分享信息。这些渠道是你可以触达的、营销的。在这些渠道中,你可以轻而易举地打造出绝佳的名声。而如果你找不到任何的聚集点;或者说,你能找到的聚集点数量少、很分散或尚不成熟,那你就将面临漫长而艰苦的挑战。如果某类人群无法自发地形成社群,又何谈让外界发现呢?

第七章
第六步：明确服务对象

我要和你分享的第二个知识点是，从狭窄市场入手，再向广阔市场进军。大部分企业老板往往会从宽泛的人群入手，再逐渐收窄受众，但这是行不通的。假设你的细分市场是葡萄酒行业，这个行业包括了葡萄酒酒庄、葡萄酒商店和葡萄酒的分销商、进口商、出口商以及许许多多的群体。葡萄酒行业中一定存在着聚集点，但同一类人不会出现在所有的聚集点。而明确狭窄的细分市场的关键就在于此——同一类人反复出现在一样的聚集点。

如果你服务的是广阔的细分市场——这是一个矛盾的说法，就像"表现得自然"，就需要提供不同的产品与服务。酒庄的需求和葡萄酒商店的需求就可能并不相同。最大的问题在于，市场越广阔，触达某一群体的成本——时间成本与金钱成本——就越高。而且，群体之间也不会相互交流，这会令你难以发掘新的潜在客户，也几乎无法实现口碑传播。酒庄与葡萄酒商店的业务不同，他们大概率不会相互沟通，酒庄更有可能与其他酒庄分享信息，而葡萄酒商店更有可能与其他葡萄酒商店分享信息。

问题还会变得更严重。当你试图收窄细分市场时，必然要放弃部分原有的客户。假设你认定葡萄酒商店的机会最大，那么你的重心会从酒庄及分销商等群体转向葡萄酒商店，这必然导致你为酒庄等群体提供的产品质量下降。大部分企业老板会从广阔的细分市场入手（我前面已经说过了，广阔的细分市场不是真正的细分市场），以拥有更多样的客户及更多商机，但却会导致产品质量下降，且为了打入市场而耗费了更多的时间及金钱成本。

让我们来学习一下 UGG 的创始人布莱恩·史密斯（Brian Smith）是怎么做的。许多年前，他和我分享了 UGG 大获成功的故事，我把这个故事记录在了《飙升》一书里。我问他，在他做过的所有事情里，对企业成功影响最大的是什么？"细分市场，迈克。"他马上给出了答案，还带着澳大利亚口音："细昏市场"。

UGG 家喻户晓，市场认可度极高，这要归功于品牌在初创的 10 年中对细分市场的执着。在当时，UGG 的受众是冲浪群体，产品针对冲浪者精心设计。不论是材质、靴子高度，还是整体设计，都是为了满足冲浪者的需求，尤其是维持脚部的温暖及干燥。（冬天的海水冷得刺骨。）

确定了狭窄的细分市场，你就掌握了"下定决心"的第二部分。明确了服务对象后，你就会调整 QBR，为他们提供最佳服务。UGG 发现冲浪者是自己的服务对象。布莱恩的 QBR 是提供功能性鞋履，而在全世界的所有人群中，他最喜欢冲浪群体，甚至他自己就是其中一员。他迅速确定了服务对象，并花费了必要的时间（好几年）不断地改善服务方式。他改良了设计，建立并强化了与 KOL 的关系。凭借完美的产品，他在一个小小的世界里举世闻名。这也应该成为你的志向：在一个小小的细分世界里举世闻名。然后，你将从个小世界走向更大的世界。

第七章
第六步：明确服务对象

服务方式

那么该如何服务你的服务对象？怎么做才能给他们带去最大收益？核心概念是根据最佳客户的需求打磨产品，直到客户欣喜若狂地购买产品并自发地向他人推荐。持续打磨产品，与此同时，确保你提供的产品与 QBR 相一致。

QBR 是决定公司兴衰的要素；服务方式指的是把 QBR 及企业中的其他所有元素整合在一起，从而为客户交付产品的方式。

男士内裤品牌北境之国（Nation Up North，简称 NUN）就是这么做的。他们首先明确了服务群体——厨师，然后开始测试产品，改变材质及形状，以满足厨师的需求。他们发现，有一个小问题是最需要解决的，那就是"服务员的屁股汗印"。服务员、厨师以及餐厅工作人员经常会大汗淋漓。通常来说，餐厅后厨中的空调作用并不大，或者后厨根本没有空调。厨房产生的大量热量是空调难以抵消的，没有什么方法能让厨房变得凉快。因此，厨房温度通常会比外面的环境温度高出 15 至 20 华氏度①。而 NUN 的内裤在该松垮的地方松垮，该吸汗的地方吸汗，解决了"服务员的屁股汗印"问题。

经过多次迭代，NUN 才打磨出了适合餐厅人员穿着的内裤。

---

① 约为 8 至 11 摄氏度。——译注

NUN 精通了产品之道，这款产品在厨师群体中十分畅销。内裤被抢购一空，人们纷纷穿上了 NUN 内裤。没过多久，NUN 就被收购了。

第一步，了解你的 QBR，这是你和公司的心脏；第二步，了解服务对象，并配以服务方式。现在，你已经具备了决心，而是否尊敬决心，决定了你能否打造出发条型企业。

◆ ◆ ◆

在我的第一本书出版后，我发现了自己真正的服务对象：孩子到一定年龄后，得以进入或重返职场，兼职运营企业的妈妈企业家。许多人以为，我的细分市场是小微企业的企业主。然而在构建事业时，我的眼里只有妈妈企业家。其他人群会阅读我的书吗？当然。我也因此对他们满怀爱意。（向那些在企业家国度中举步维艰的朋友们问个好。我看见你们了，兄弟。）但如果在创业初期，我选择了小微企业主这个更广阔的群体，那么我现在恐怕还默默无名。布莱恩·史密斯曾教导我们：如果想大获成功，先要专注于一小群人，然后让这个小群体带领你向更大的市场进军。我就是活生生的例子。

我对人群的选择，影响了我写书、营销及卖书的方式。我找到了妈妈企业家的聚集点，她们会出现在其他妈妈企业家举办的研讨会及静修会上，比如让企业实现了令人瞩目的增长的安吉拉·吉亚·金（Angela Jia Kim）。发现这一点后，我通过她们的社群不仅接触到了更多的妈妈企业家，还打入了小微企业主这个市场下的其他细分群组。这个策略的绝妙之处在于,我没有费太大力气就获取了读者,扩张了企业。明白了吗?

发条原则的实际运用

1. 写出服务对象和服务方式:我们的决心是以_____(方式)服务_____(对象)。然后,把这句话贴在办公桌上,让自己可以看见;同时也贴在办公室里,让大家都能看见。

2. 你已经知道了如何平衡团队,现在请思考一下,团队中的哪些成员具备对的特质或本能能够服务于你的客户群体?这些成员目前处于合适的职位吗?

CLOCK
WORK

第八章

第七步：监控企业

我认识一位企业家。当他不再需要做"苦差事",只需管理员工时,他曾说过:"去你的工作,我只想摆弄摆弄棋子。"我不喜欢他这么说话,听起来掌控欲很强。他把员工看作棋盘上的棋子,简直是胡说八道。他把自己当作国王,而员工仅仅是王国中的一部分。我不喜欢这种控制欲强、独裁专断的人。所以请千万不要把员工看作棋子,我可盯着你呢。

但是,棋盘的比喻有一点我很喜欢,那就是把对的人放在对的位置上,并引导他们获得对的结果。棋盘上有不同的棋子,每个棋子具备不同的能力;这就像企业中有不同的人、不同的技术和不同的工作方法,都具备着不同的能力。国际象棋大师运筹帷幄以取得胜利,而你的工作是把企业中的不同棋子放在最佳位置上,推动公司前进。看板是一种恰当、直观的工具,让你能够时刻掌握企业动向。看板具备简单的度量指标能够体现工作进展。企业看板与汽车仪表盘类似,如果想显得更豪气一些,也可以把看板比作飞机驾驶舱中的控制面板。

在第六章中，你学习了如何平衡团队，让对的人以合适的工作量把对的事情做好。当然，团队成员和他们的职位、任务以及4D模型都可以成为看板中的一部分。多年来，我的看板上的指标有增有减。发条原则不仅仅要把对的人放在对的位置上，也要以正确的指标考核企业。如此一来，当企业需要调整时，你才能从企业外部发现问题。

如果指标这个词语把你吓得冷汗直冒，别慌，它们其实没有那么可怕。你不需要成为数学家或者工程师，只需要挑选出自己想考核的关键事项就可以了。

简单一点

这一切有多简单？听完以后你可能会大吃一惊。我认识可行愿景公司（Viable Vision）的创始人凯文·福克斯（Kevin Fox）。这家公司的主业是帮助客户提升生产效率。归根结底，每家企业都是生产企业：最初，我们手中只有原材料（对于提供服务的企业来说，原材料就是原始的想法）；然后，我们会加工这些原材料，并交付出最终产品。生产企业在制造商品时，需要经历一系列步骤。简单来说就是，我们可以向生产企业学习许多东西，尤其是生产效率。凯文和我分享了他发现企业发展瓶颈的故事，对我产生了很大影响。

企业和链条一样，只有一环是最薄弱的。最薄弱的一环一旦

第八章
第七步：监控企业

被加强后，另一环就必然会变成最薄弱的。我们需要把注意力集中在最薄弱的一环上。但是，你怎么知道最薄弱的一环是否被修复了呢？

"用指标。"凯文解释道，"经理办公室的电脑屏幕上跳动着由昂贵的电脑系统传输过来的各种数字——指标不一定是这样的。其实，我更推崇简单的指标——你在当下就能看见并评估的东西，无需计算，也无需借助电脑算法，比如蓝光指标。"

凯文说到蓝光时，我马上想到了凯马特超市（Kmart）的蓝光特价活动。蓝光一闪，人们就会蜂拥到货架前抢购特价商品。我所想的和凯文所说的其实差不多。凯文和我分享了一家汽车保险杠生产商的故事。他们雇佣了可行愿景以提升公司的效率。凯文和团队一起前往客户工厂寻找瓶颈，也就是那些等待着被完成的工作。果然，在焊接工作站前，配件堆积成山，静静地……等待着。同样地，你的企业的瓶颈也会像这样显现出来。在瓶颈处，工作会堆积成山，静静地等待着。时间就这么被浪费了。

面对堆成小山的保险杠，凯文开始思考，它们在等待什么呢？它们在等待被焊接。这就是瓶颈。焊枪喷射时，会闪动特殊的蓝光。而凯文发现这种蓝光很少出现。他什么也没有做，继续观察着。他又发现焊接工人会走入库房，拿出配件，把配件放入焊接夹具，然后点焊以固定它们。这个时候，也只有在这个时候，焊接工人才会启动焊枪，把配件焊在一起。接着，他们会清理配件，并把配件转移到成品区，然后又重头再走一遍这个流程。总而言之，焊接工人只有大约10%的时间在焊接。因此，蓝光也仅仅在——是的，你没有猜错——10%的时间里会闪烁。

焊接工人的主要职责是焊接，但蓝光却鲜少亮起。显而易见，他们没有把自己的主要职责放在首要位置。实际上，他们仅仅将——你又猜对了——10%的时间用于完成主要职责。

凯文解决问题的方法非常简单——雇佣几个青少年担任装配工人。他们的工作是为焊接工人把配件准备好。他们会从仓库里拿出配件，放在焊接夹具上，并把焊接完的配件搬运到成品区。与此同时，焊接工人会进行点焊，然后启动焊枪，完成焊接工作。蓝光闪烁。装配工人把焊接完的配件搬运到成品区后，会回到焊接工作站，把等待焊接的配件放入夹具中（夹具装有脚轮），并把夹具推到焊接工人面前。这个时候，焊接工人恰好完成了上一个保险杠的焊接。装配工人会把新的夹具放好，并把焊接完成的保险杠推走。而焊接工人则会再一次开始焊接，蓝光闪烁，不停地闪烁。

问题解决后，保险杠开始以光速通过从前的瓶颈环节。成堆的配件在几天内就消失不见了，几乎再也不会堆成小山。保险杠的整体产出速度也比以往更快了。有魔力的不是解决方法，而是考核指标。原理非常简单：如果凯文看见蓝光不停地闪烁，说明流程畅通无阻；但如果蓝光在任何时间停止了闪烁，或者闪烁频率降低，就说明出问题了。

后来，凯文成为这家工厂的老板，他的指标简单得可笑，却又无比有效：蓝光在闪烁吗？你的指标也应该尽可能地简单。你需要考

第八章

第七步：监控企业

核的是企业的流程是否畅通无阻，仅此而已。流程受阻时，指标的任务是通知你出现问题了。这个时候，作为国际象棋大师，你的任务是调查并解决。蓝光在闪烁？一切顺利。蓝光闪烁的频率降低了？这意味着你需要查一查哪里出了问题。

想一想你自己车上的仪表盘。开车时，你会借助多个指标来判断一切是否顺利，只要扫一眼，你就能知道是不是超速了，发动机有没有过热，或者是不是快没油了。出现问题时，这些简单的指标会告知你：要采取措施了。

超速了，可以松一松油门；发动机过热了，可以停车检查冷却液液位；(如果你和我一样，对车一知半解，那么你可能会停下车，跳出车外，还以为发动机着火了。然后，道路救援人员会告诉你，那只是蒸汽而已。这是一个真实的故事。)快没油了，可以在下一个加油站加油。但是，如果没有了仪表盘上的指标，你会因为超速被交警拦下；眼睁睁地看着发动机冒烟（我说真的）；或者在荒无人烟的地方熄火。

企业也是一样的。指标看板会告诉你，企业的关键事项进展如何。如果出现了异常，你可以迅速地检查企业状况，做出必要的调整。看板上的所有指标显示一切正常时，你就可以把精力放在规划企业的未来上，无需担心日常运营。这是非常美好的事情，因为这意味着你的企业可以自动赚钱了。我没有在开玩笑，我说的可不是深夜电视购物广告宣传的"被动收入"，而是这么一种状态：你运营着自己热爱的企业，你在企业事务上花费的时间仅仅是目前的一小部分，但是你赚取的金钱之多却是以前从不敢想象的；同时，你还享受着这个过程的每一分钟。

引流、转化、交付、收款

每一年，我的朋友塞莱娜·索奥（Selena Soo）和克里斯·温菲尔德（还记得他吗？我在前面提过的生产力大师？）都会在纽约举办八至九场晚宴，他们会邀请一些作家、演讲者及专业人士参加。塞莱娜和克里斯交友甚广。很快，他们的晚宴就成为大家口中在企业培训领域拓展人脉的绝佳场合。对我来说，他们的晚宴堪比奥斯卡，只是这里不要求穿正装，也不需要老是嘟嘴摆拍。

他们的晚宴不是想参加就能参加的，必须受到邀请。两年前的冬天，我首次受邀。我把"欲擒故纵"那一套抛到了九霄云外，在毫秒之间就接受了邀请。四个星期后，我长途跋涉前往纽约。晚宴以塞莱娜和克里斯向客人致谢拉开序幕。我小酌了一口无比顺滑的赤霞珠葡萄酒，环顾四周，宾客大约有 15 人。我认识其中的大部分，我相信你也认识他们（晚宴有一条规定：不可透露宾客名单，除非获得了举办者的直接许可）。"天呐，那不是某档新节目的某某和某某吗。"我心想，"哇，那是顶级企业家杂志的编辑。"而坐在我正对面的，正是大名鼎鼎的企业精简大师——阿德里安娜·多里松（Adrienne Dorison）。

第八章

第七步：监控企业

那天晚上，她分享了她是如何为某家木材厂解决了无数个瓶颈以提升效率的。我仔细聆听了每一个字。比如，改变树木装车的方式，提升卸货速度；建造缓冲地带，保证木材的供应，防止货车司机因排队时间过长而放弃交货；处理企业内部的权利斗争以及企业家的自尊心问题，这两者都会让木材厂的生产速度变得像蜗牛一样慢。以上所有改进都带来了不大的影响，但在我的理解中，没有一项改进属于QBR。

我向阿德里安娜解释了我对QBR及其影响力的认识，她理解并赞同了我的观点。巧合的是，她研究了许多年的蜜蜂，也就是说她确实理解QBR的重要性。

"所有企业都有瓶颈，迈克。这些瓶颈是企业的必要组成部分，我们必须完美地解决它们，不然企业就要遭殃了。企业的所有环节都是重要的，只是重要程度不同。若想为客户交付产品或服务，那么企业的核心环节必须顺畅运转，其中最关键的就是瓶颈。在瓶颈处，必要的产出慢于输入。而QBR是企业所有核心环节的'祖师爷'。这么说吧，QBR就是托起所有船只的浪潮。我们可以把企业的所有元素分为四个象限：线索、销售、产出和现金流。QBR只能存在于一个象限中。"

"所以呢？"我问阿德里安娜，"木材厂的QBR是什么？"

阿德里安娜看着我，伸了伸脖子，眯起了一只眼睛。你知道这种惊讶的表情吧——她认为我应该知道答案，而我却把问题抛给了她。她说："你说呢？"

我真是给自己挖了个坑。我停下来,想了想,然后回答:"这取决于不同情况,不是吗?"

"没错。"她说。

我继续说道:"当然了!QBR是自己决定的。不论在你的企业里,我的企业里,还是所有人的企业里都是一样的。决定QBR的不是行业,而是企业老板,企业的立场由老板选择。因此,你服务的木材厂也可以选择,或者说,他们需要做出选择。"

我开始滔滔不绝:"假设一家木材厂选择把成功寄托于生产速度,希望快速地生产木材。那么他们的QBR就是尽可能地提升操作速度。这就好比蜂巢的QBR是孵化蜜蜂幼虫,而蜂后之所以受到蜂群的尊敬,是因为她可以产卵。"

"太对了!"阿德里安娜说,"如果木材厂宣告了生产速度是QBR,那么他们接下来就需要观察企业的哪一部分对生产速度影响最大,以及相关岗位上都有哪些人。大部分木材厂都会把生产速度视为QBR,然后他们通常会发现,起重机的操作是QBR。起重机的任务是把木材从货车上卸下来,放入切片机和剥皮机。如果起重机的运行状态达到最优,那么企业流程将畅通无阻;否则,企业将停滞不前。"

"就是这样!"我说。我很兴奋,声音的音量在这种高级的餐厅里显得大了一些。"也就是说,起重机操作员是QBR履行者,他应该像医生一样,被保护,被服务。"

"你说的没错,迈克。但是不要忘了,生产速度只是QBR的可

第八章

第七步：监控企业

选项之一，木材厂也可以选择因木材质量而闻名世界。在这种情况下，生产速度将退居第二，找到最佳的木材原料才是 QBR。当然，起重机操作员仍然重要，只不过他们不再是 QBR 的履行者；木材质量管控经理成为 QBR 履行者。"

阿德里安娜越说越激动！"但木材厂的 QBR 不仅限于产出环节，"她继续说道，"也可能存在于吸引潜在客户的环节，或者转化环节。实际上，我服务过的一家木材厂就把 QBR 放在了转化环节。他们打造了一支专家团队，其中还包括工程师。在销售过程中，专家团队会引导潜在客户做出最具性价比的决定。他们对客户的引导远远超过了其他木材厂。便宜的木材能为客户省钱，但却很难达到建筑项目的标准，最后客户还是得采购更昂贵的木材。所以虽然这家木材厂的生产速度是最快的，木材质量也是最好的，但客户的全心信任才是他们业绩飞升的核心原因。"

阿德里安娜解释道，木材厂其实并不独特，所有企业都能决定自己的 QBR。QBR 往往落在四个象限之一：线索、销售、产出或现金流。我更喜欢用我们平时做的工作来描述企业的这四个方面。我调整了一下，但意思是一样的：引流、转化、交付和收款（简称 ACDC）。（还记得我在第五章中，首次提到了 ACDC 这个概念吗？）

我与阿德里安娜相谈甚欢，聊了一整晚。我认识到，每一家企业都拥有这四个象限；不论在什么时候，只要企业中出现了低效行为，那肯定是因为 QBR 没有得到充分的保障及履行，或者 ACDC 中存在瓶颈。

阿德里安娜的洞见让我受益匪浅,整理后得到如下内容:

1. 引流。每一家企业都需要吸引潜在客户或者有关潜在客户的线索;潜在客户是咨询过企业产品或服务的人;而线索是销售业绩的来源,没有线索就没有销售,因为没有可销售的对象。

2. 转化。销售的责任是把线索转化为付费客户,因为就算拥有全世界的线索,但如果不能转化他们,企业依旧会破产。

3. 交付。交付是必需的过程与服务,是以妥善的方式交付出你售卖给客户的产品。如果未能交付客户购买的产品,他们会自行寻找解决办法……比如取消订单、要求退款,甚至会向全世界宣传你有多差劲。无法交付?那企业也活不久了。

4. 收款。如果客户没有履行付款的承诺,那你的麻烦就大了。如果无法收回账款或保住这笔钱(被客户要了回去,或者被你挥霍了),那么企业也将面临倒闭。

ACDC模型

引流 → 转化 → 交付

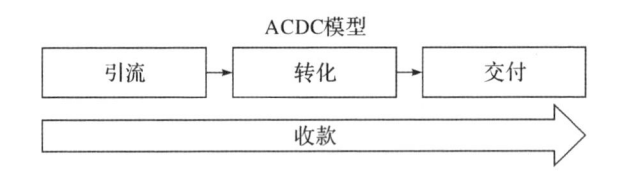

收款

图 5　ACDC 模型

以上就是每一家企业中的四个核心环节,每一个环节都必须出色完成(见图 5)。接下来,我们来玩一个著名的游戏,一个所有优秀

第八章

第七步：监控企业

企业家都会玩的游戏——"瓶颈打地鼠"。在游戏中，你将不断评估并解决这四个环节中的大小事项，就像阿德里安娜为木材厂做的一样。几乎所有企业都会遵循 ACDC 可预测的持续发展路径，连顺序也一样。首先，你必须让人们对你的产品感兴趣（吸引线索）；然后，你必须说服感兴趣的人们进行购买（转化线索）；当他们成为你的客户后，你必须履行承诺交付产品；在这个过程中的某个时间点，你必须让客户为你的工作结款（收款）。

然而，也存在少数几种例外情况。比如，有的企业会"投机取巧"，在潜在客户变成客户之前，就完成了产品的交付。在这种情况下，ACDC 就变成了 ADCC。

收款有点类似于一张自由牌。你可以在工作（交付）开始前就进行收款。但即便如此，在履行对客户的承诺之前，这笔款项并不真正属于你。如果不交付产品，客户可能会要求退款，甚至会起诉你。这就是为什么我把这四个环节以 ACDC 这个顺序排列，以及为什么每一个环节都至少需要一个考核指标。这么做你就可以清楚看见每个环节中的客户状态。

接下来，我将为你展示我在 PFP 公司中使用的看板。

1. 引流。引流指标可以设置为完成特定动作的人数。对线上培训机构来说，指标可以设为在问卷中填写邮箱地址以换取免费赠品的人数；对于 B2B 公司来说，指标可以是咨询解决方案的人数；而在 PFP，我们的指标是在官网上填写初筛申请表的人数。如果每天有三个人填写表格，这就意味着公司一年的申请者有1000多人。我们会把填写并提交了表格的人算作一个线索。当申请者数量小于这个数字时,就说明出现问题了。指标不能告诉我们问题是否出在表格上(这是一种可能性),指标只能反映出某个环节出了问题,因为填写表格的人数下降了。这个时候,我们就会着手调查并解决问题。这就好比当你发现发动机标志亮了的时候,你就知道自己需要检查一下了。可能不是什么大毛病(电线松了),也可能出了大问题(变速器坏了)。当指标没有达到预期(每天三个申请者)时,我们就会问问自己:"为什么大家不填写表格了?"答案可能是网站出故障了;人们改为打电话申请了;或是我们的QBR(宣传绝对利润法则)出了问题,大众没有接收到我们的信息。这些都意味着我们需要找到瓶颈并解决它。

2. 转化。我们的转化指标是在三个月内成为新会员的线索人数。我们希望达成33⅓的转化率,那么一年就有大约360名新会员。虽说如此,但潜在客户之间也有区别(你懂的)。有的线索非常理想,有的线索只是看个热闹不会付费,还有的线索的企业仍处于早期阶段,不适合我们的服务等。在季度会议上,我们会进行定性讨论:如何更好地传递信息;如何吸引质量更好的线索;如何更好地进行销售工作,从而更快地筛选出理想的线索。指标不过是体现了工作表现的简单看板数据,我们会进行更深入的挖掘,以做出更有影响力的决策(你也应该这么做)。指标使用方法:如果我们一个月和100个人进行了沟

第八章

第七步：监控企业

通，却只有10个人成为会员，转化率为10%，低于33%，那就是某个地方出问题了。同样地，如果有80个人成会员（虽然听起来非常棒），那就是另一个地方出问题了。指标只会告诉你是否有预料之外的事情发生。如果有，就需要进行调查。① 如果转化率与33%相差甚远，我们就会问问自己："销售出了什么问题？"我们是否实施了新的价格政策，却不被市场接受？我们是否招了新的销售？线索的质量是否有所改变？我们也会向上游查看，转化之前的环节是引流。如果转化环节亮起了红灯，我们会思考："线索指标是否也有所下降？"如果是，那么问题很可能出在线索上，我们就会从线索环节开始调查。

3. 交付。你是否交付了（超出）客户预期的产品？对于某些企业来说，出色完成交付环节的最佳指标是客户的不断光顾（留存）；另一个指标则是客户的好评，这能够促进口碑营销。如果你的标准比较低，也可以把无人投诉作为指标。以高速公路休息站举例，人们很少会在社交平台上写（当然肯定有人这

---

① 有的时候所有指标数据都正常，但依旧存在问题。你的销售转化率是33%，但是一个月却只有一单销售，这就意味着问题出在线索上。果不其然，当月只有三个线索。问题可能还会更严重：线索数量和销售数量都达标，但新客户却难以留存。留存指标（营业额）可以发现此类问题，但是问题也可能出在线索质量上。也就是说，有的时候一个环节里（留存）出现的问题，它的起因很可能源于另一个环节（线索）。想一想屋顶的修理，你就会明白了。家里的墙壁渗水时，屋顶的漏水口可能会在完全不一样的地方。有的时候，问题在显现之前会在各环节中四处游走。——原注

么写过）"我刚才在最酷的休息站尿了一次最牛的尿！"或者"你们一定要来看看这里的便池除臭球，太炫了！"如果人们对休息站有什么评价，那多半是差评。所以投诉越少代表交付得越好。

在PFP，我们会使用里程碑来考核交付环节，其中一个里程碑是"认证"。如果会员获得了"绝对利润"的认证，那他们一定完成了PFP的一系列培训课程，接受了充分的训练，不然无法通过考试。获得认证证书意味着会员已经完全掌握了企业的利润流程，做好了服务客户的准备。我们的指标是在报名培训课程的六个月内获得认证证书的人数。我们将这个指标设定为97%。虽然我们希望这个数字是100%，但这是不现实的（总会发生无法预知的情况）。如果把指标设为100%，交付环节必然时常亮起红灯。我们又没有达到100%，怎么回事？100%是永远不可能达成的，那么我们就会开始忽略这个指标。

我想告诉你的是，不要将指标设定为"理想数值"，而应设置为实际的数字。在我写下这段话时，我们的会员认证率大约为90%，低于预期。我知道这意味着在某些方面，会员没有全身心投入。我们是否没有给予他们足够的支持？还是他们失去了兴趣？我需要找出原因，因为我很确定至少那缺失的7%的会员是投入不足或准备不足的；又或者他们需要额外支持才能赶上进度。

4. 收款。跟我念：现金是企业的命脉。再来一次：现金是

第八章

第七步：监控企业

企业的命脉。现金是每家企业最重要却经常被忽视的部分。你可以一个好客户也没有，也可以提供非常糟糕的服务，甚至可以对开拓线索一窍不通，但只要有足够多的现金，你的企业就能存活下去。在PFP，我们会关注任何一个月中未支付账款的会员比例。如果超过5％，就说明出现了问题。现金是企业的生命之源，只要能降低每月未支付账款的会员比例（我们发现，让会员按年支付可以做到这一点），企业就能存活。现金是如何流过（或者未流过）你的企业的？找出衡量财务状况的指标，企业的生死取决于此。

5. 蜂后职能。PFP的QBR是向外界宣传绝对利润法则，我是主要（但不唯一）的宣传者。QBR的考核指标是正在进行的宣传活动数量——演讲、讲座、网络研讨会、播客（自己的或别人的）或访谈。我们的QBR日益稳固，在我写下这段话时（与往常一样，我正在飞机上），有四场绝对利润宣讲会正在进行中，而我无需参与。我们会考核每一天"宣传时刻"的数量。如果能知道观众体量，那当然最好了。但播客节目的观众数量比现场活动更难测算，而电台访谈的观众数量又比播客节目更难测算。因此，我们仅仅考核宣传活动的数量，指标是一天两场（一周14场）。如果我亲自上阵，还可以勉强完成这个指标，但如果我生病了，那么麻烦就大了。

随着越来越多的员工开始履行QBR，宣传活动的数量逐渐稳定，我的工作量也减少了（你知道的，自动赚钱）。最近，我已不再亲自履行 QBR（我也会记录自己的工作），而是忙于其他项目（拜托，写书也很费时间的好吗！）。不过，虽然蜂后（我）不再履行 QBR，但其他人会推动 QBR 前进。从长远来看，写书也是在履行 QBR，因为我会在书里宣传企业。但书的出版周期非常漫长，因此写作——以及重写、编辑、再编辑、全部推翻、重头再来（没开玩笑）——并没有反映在考核指标中。履行 QBR 的团队成员表现得很好，所以我现在的工作重点是建立工作方法，让 QBR 尽可能简单，使 QBR 履行者以及想参与其中的员工都能轻松完成这项工作，并保证一致性。怎么做到这一点呢？你猜的没错，我会记录已有的工作方法——录制我的演讲，交给员工，让他们去向外界展示。

这四个核心环节——引流、转化、交付及收款（ACDC）——再加上 QBR 就是看板上的指标。你要做的是明确你将如何考核这五个环节中的进度（或没有进度），以及这五个环节的目标分别是什么。指标的目的是衡量公司的效率，考核相关方面，从而寻找瓶颈。指标的作用仅仅是告诉你某处出现了异常，需要留意。

指标通常是一个数字，但也可以是是非题（是/不是、进行中/停止中）或者其他形式。但指标往往是可度量的、可比较的。指标会设定一系列预期值。当指标所衡量的实际事项高于或低于预期值时，就表明需要着手调查并给出解决方案了。

让我们回到汽车的例子上。我们可以把行驶速度设为指标。

第八章

第七步：监控企业

限速标识上的数字是我们想要的"正常"数字,而汽车时速表显示的则是实际数字。开得过快或过慢时,实际速度都会和指标产生偏差,那么就需要考虑调整了。(不过相信我,在新泽西州没有人会行驶过慢的。)

在任意环节中,你都可以设置多个指标。比如在交付环节,我们还设置了一个集会指标。这个指标是指在报名成为会员后,愿意亲自来到公司总部参加线下培训的会员数量。这项活动的关键不仅在于培训,更在于互动。新会员能够认识彼此,并结识本垒(我们对公司总部的别称)的团队员工。没有参加集会的会员的长期参与度或许会成为问题。集会的指标是实际参与集会的会员人数与有资格参与集会的会员人数(也就是所有新会员)的比值。

绝对利润法则之所以行之有效,部分原因在于它自带一套考核指标。它本身就是企业看板,可用于管理现金,确保企业盈利。绝对利润法则的目标是让企业既能创造现金与利润,又能维持这二者。在《绝对利润》一书中,我曾解释过你需要五个基础银行账户：**收入、利润、企业主的报酬、税款以及运营开支**。然后,你需要依据事先设定的比例(这个比例也可作为指标)将资金分配在五个账户中。现金流入企业后按比例进行分配,如果企业无法依据比例(指标)分配现金,那么说明发生了预料之外的状况,就需要找出原因并解决问题。成本太高？现金流出现问题？利润太薄？如果实际值与预期值之间有所偏差,说明要么出了问题(你做得不够好),要么实际情况好于预期(你做得很好)。不论哪种情况,都需要找出原因，解决不好的方面，复制好的方面。指标是你新的好朋友，它们会诚实告诉你所有问题及机遇背后的真相，为你指出明路，并迅速找到解决办法。

自动赚钱的意思不是不劳而获，天上掉钱。不要想着有一台破旧的 ATM 机，不知怎么出了故障，会不断地为你吐钱。自动赚钱的意思是建立一套方法，让自己能够坐在控制室中监控流程。和所有机器、方法及流程一样，"自动赚钱"法有时也会出问题，需要调整。你的责任是监控异常情况，并想办法解决它们。关键在于控制室要越简单越好，但是要能监控到企业的核心事项。可以为一切工作设立指标吗？当然可以。但这会让你应付不来。可以只设立一个指标吗？当然可以。但一个指标或许过于模糊，难以反映问题与机遇。

举个例子，使用绝对利润法则，你可以以双周为单位（或以周为单位）设定一个预期的收入指标。就连季节性企业也能做到这一点。然后，对比实际收入与预期收入。有什么不对劲？那就开始调查。无需查阅现金流量表或者其他报表，就能知道企业是否需要现金，或者是否没能盈利。

我在一场宣讲会上认识了克雷格·梅里尔斯（Craig Merrills），我们很快成为了朋友。克雷格和他的妻子在弗吉尼亚州的史密斯山湖旁有一栋度假别墅。夫妻俩非常大方，邀请我和我的妻子克丽斯塔（Krista）前去共度假期。在那几天里，我们一起玩玉米洞（最"牛"的户外游戏，不用放下手里的啤酒就能玩）、吃烧烤、畅聊企业相关的

第八章

第七步：监控企业

所有事情。

克雷格经营着"哇，一天就能刷好漆"公司（Wow 1 Day Painting）的刷漆加盟店。他有一种不可思议的借钱能力，理由是需要购买设备，并因此负债约 11 万美元。就在这个时候，克雷格设置了几个简单指标，扭亏为盈。他仅仅设定了收入目标与可花费的运营开支的比例（包括购买设备的支出）。在运营开支比例不变的情况下，如果收入下滑，运营开支便自动减少。克雷格只会使用提前分配至开支账户的资金。

我们在湖边别墅度假时，克雷格的这个方法刚实施了一年零一个月。他又把三个玉米袋扔进洞里，喝了一大口啤酒，然后看着我说："现在，我已经无债一身轻咯。"

通过测量资金克雷格还清了债务。他没有阅读会计报表，只是使用了看板上的关键指标测量现金流，从而腾挪出更多资金来偿还债务。你或许听过这句话，或许没有，不论如何，我都希望你能记住它：被测量的才能被完成。所以，如果一项工作很重要，那就去测量它吧。

你的看板的环节和指标不一定要和我的完全一样，但我还是建议你设置能够反映企业全流程状况的指标，最好有五到八个关键指标。少于这个数字，你将无法全面了解情况；多于这个数字，你会应付不来。出现异常时，过多的"仪表盘"与"仪器"会让你无法发现问题，这就与打造看板的初衷相违背了。

一个值夜班的保安同时盯着六块屏幕，他可以轻松发现任何一点动静。但如果让他监控600块屏幕,那他肯定会漏掉一些情况。在电影中,每一个成功混入的坏人背后,都有一个太多监控器要看的保安……另一种情况是,坏人会往门厅里扔一个金属物品,"可疑的声音"会让保安分心。(这一招非常神奇,永远奏效。)拥有看板的你就是企业的保安,监控的指标越少越好。而且请一定不要被"门厅里可疑的声音"欺骗了,这永远是个陷阱。

一次只转动一个旋钮

在开始写这本书的那个夏天,我的割草机坏了。它噼里啪啦地乱动,割不了草,还会把草轻轻地吹开——从一侧吹到另一侧。有一天我走到车库,想一次性把这个怪物修理好,但我很快就犯下了大错。我把所有可能的问题都解决了一遍:清洗了化油器,更换了空气过滤器,使用新机油并加满了油。一次性完成所有事情后,我启动了割草机,情况却更糟了。

所有措施都没能解决问题。我做好了心理准备,开始修理最难搞的发动机。我更换了传送带、火花塞,还用清洁剂进行了冲刷。果然,还是没有效果。我修理了整整两天,最后只能把它送到了修理店。半个小时后,割草机就修好了。哪里出了问题?化油器坏了,大概是我弄坏的。(化油器的盖子盖不上,有人硬生生地把它按了下去。对此,我不承认也不否认。)最初的问题应该是空气过滤器

第八章
第七步：监控企业

堵塞了。虽然我修复了这个问题，但与此同时，我还对其他问题进行了"修复"，从而引发了新问题。结果，我又把新的问题误以为是最初的问题。

我想说的重点是，为了解决一个问题而一次性采取多项措施，这会让你在解决问题的同时又引发新的问题。而你意识不到自己已经解决了问题，也不知道起因是什么。怎么办呢？一次只采取一项措施，看一看问题是否得到解决。从可能性最大的措施开始，并进行测试。然后，再采取可能性第二大的措施。

企业的看板就是我们的业务流程，有时会不如预期。这个时候，我们需要做的是每次只转动（修理）一个旋钮。以销售举例，假设销售业绩大幅下滑，你注意到线索数量没有太大改变，甚至上升了，但销售团队的业绩大大下降。你新招了一个销售，他很快就熟悉了业务，但销售团队的业绩却远远低于预期，于是你着手修复这个问题。你转动了看板上的下一个"旋钮"——为他们制定新的销售话术；为他们分配更多线索，好让他们更快地熟悉业务；增加一名销售导师，让两名老销售同时指导新销售，希望他们学到更多知识。同时实施了那么多解决方案，销售业绩肯定会回升的。然而，业绩下降得更厉害了。为什么？是销售话术的原因吗？是因为新销售需要应对太多线索，忙不过来吗？还是新销售在两名老销售的监督下太害羞了，放不开手脚？

倒带，重新再来一次。新销售入职后，销售团队的业绩有所下滑。你得出结论，有两件事情或许是相关的。你首先查看了最明显的事项——销售话术(转动了销售话术旋钮)。你简化了话术,并继续观察。销售业绩没有上升也没有下降。你重新启用了原始版本的销售话术(把销售话术旋钮恢复到初始位置),并转动了下一个旋钮。你认为业绩下滑或许与培训有关。于是,你安排了两名老销售一起指导新销售。和之前一样,业绩没有上涨,反而下滑得更狠、更快了。真有意思,你竟然发现了一个会对销售业绩产生负面影响的旋钮。你开始调查这个奇怪的现象。

你撤掉了一名销售导师,业绩有所上涨,但仍低于历史平均。接下来,你实施了一个疯狂的想法,彻底去掉了销售导师这个角色。业绩回升至正常水平。真奇怪。现在,你已经确切地知道了问题的原因。经过更深入的调查,你发现销售导师在指导新销售时,无法接听自己的销售电话。打给销售导师的潜在客户只能一直等待回音。于是,你改变导师的指导方式,让他们在下班后进行指导,并利用科技手段——电话录音——来改善情况。现在,团队中最棒的销售人员终于可以完成订单了。他们会在下班后和新销售一起重听电话录音以指导新人。你猜怎么着?销售业绩一飞冲天。

有的时候,你在看板上的某个环节里发现了问题,但这个问题的源头可能位于其他环节。比如,收款环节的难点是有的企业会在实际开工前收款。这很好,但如果企业的现金流出了问题,这真的是收款环节的问题吗?看一看企业看板,你会发现销售业绩停滞不前,而线索指标符合预期。这表明了什么?你要求潜在客户提前付款,这或许打消了他们购买的念头。解决办法是什么?一次只转动

第八章
第七步：监控企业

一个旋钮进行测试。取消提前付款的要求，看看情况是否有所好转。如果指标回升至预期值，那么说明你找到了问题起因；如果情况没有好转，那么——这里是关键——重启提前付款的要求，然后测试下一个解决办法。每一个旋钮都需要单独测试，才能确定问题所在。

如果多个旋钮会对同一环节造成影响，而你又同时转动了这些旋钮，那么真正的解决办法就会被你掩埋。第一个转动的旋钮或许已经解决了问题，而第二个转动的旋钮或许会起到反作用。即使你修复了问题，但也再次造成了问题，而你还一头雾水。有的时候，你转动了多个旋钮解决了问题，但你不知道是哪一个旋钮起了作用；有的时候，你转动了多个旋钮却未能解决问题。你不知道是不是有某个旋钮解决了问题，但因为你又转动了其他旋钮，而再次导致了问题……或者说，没有任何一个旋钮能够解决问题。一次请只转动一个旋钮，从可能性最大的开始，然后衡量结果。重置第一个旋钮后，再转动第二个旋钮，并衡量结果。按顺序转动旋钮，直到确定问题起因。只有在完成了单个旋钮的转动后，才考虑同时转动多个。有的时候，企业会面临突发情况，需要同时转动多个旋钮才能解决问题。

在这个流程中，线性操作是关键：一次只转动一个旋钮，从可能性最大的开始，直到找出永久解决办法。如果同时转动多个旋钮，无论结果是什么，你都无法得知是哪一个旋钮造成了这样的结果。根据转动后的结果决定下一个要转动的旋钮，有时候下一个旋钮能够进一步改善上一个旋钮的结果。

一次只转动一个旋钮,这听起来很费时。大家都想知道的一个问题是:"可以一次转动多个旋钮吗?"如果分析的是某个特定问题,而多个旋钮都会对它产生影响,那么在大多数情况下答案都是"不可以,一次只能转动一个旋钮"。但是,如果企业正在解决不同问题,且旋钮互不干扰(意思是它们解决的是不同的问题),那么就可以同时转动多个旋钮。举个例子,我在转化环节发现了需要解决的瓶颈,我想转动旋钮查看过去未转化的潜在客户。同时,交付环节也出现了瓶颈——客户需要排队等待才能和项目顾问进行沟通。我想转动旋钮把项目顾问的一对一沟通改为小组讨论。这两个旋钮针对的是不同问题,互不相干,所以我可以同时转动它们。这是发生在我的企业中的真实案例。我们同时转动了两个旋钮,每一个旋钮都改善了它所针对的问题。

我知道,这一段读下来,你似乎有了许多旋钮需要转动,你或许也会质疑自己能否发现企业有哪些地方需要调整。但是,你能做到的。你一定能。

解决好的问题

通常来说我不会在凌晨一点打工作电话,但是有的工作危机需要立刻处理。有一次,我搭乘晚班飞机前往德国柏林宣传绝对利

第八章

第七步:监控企业

润法则。落地后,我在半睡半醒间扫视着邮箱,一封邮件吸引了我的注意力。发件人是辛迪·托马森,邮件标题是"我要窒息了!"。邮件的第一句话就让我瞬间清醒:"我已经麻木了。事实是,机会太多,我应付不来。"我回复邮件,和她约了紧急电话沟通。时差七小时,但这对辛迪来说没有什么问题。于是,我在凌晨一点开始了工作。

QBR 是一股强大的力量,堪比卢克·天行者①(Luke Skywalker)把 X 翼战斗机从沼泽中举起的力量。当你一旦意识到自己可以不费吹灰之力移动大山后,你可能会不知所措,也可能会倍感压力。辛迪亲身经历了这个过程,并在邮件的最后一段袒露了心声:

"迈克,细分市场这一招很有效,QBR 也很有效。我的工蜂拼了命地服务客户,我也在履行市场营销的 QBR。问题是我的工蜂太少了,蜂后还能放假吗?我不知道应不应该缓一缓市场营销的工作。已经有两个行业内的供应商找到我,希望我为他们创作内容了。"

"这些问题可以说是甜蜜的负担,但我还不具备解决它们的能力。你们能给我指一条明路吗?"

辛迪的故事贯穿了整本书。你或许还记得,她看起来总是镇定自若。然而在这通电话里,她的声音明显很紧张:"我满足不了客户的需求。以前,我们以高质量的服务而闻名;但现在,我们已经没有办法为所有线索提供相同水平的服务了。"

---

① 电影《星球大战》中的角色。——译注

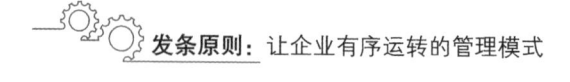

出色地完成 QBR 是托起所有船只的浪潮。QBR 是企业的根基，其他一切工作都建立在它的基础上。科德角医院的 QBR 是让医生检查病人，这是优先级最高的任务，也在科德角医院得到了充分保障。结果是什么？结果是科德角医院声名鹊起。大家都知道前往这家医院的急诊室能够立即接受治疗，因此病人如洪水般涌来。和我姐夫一样，病人们会"舍近求远"，长途跋涉地前往科德角医院。

辛迪的客户是电商卖家。他们的现金流非常复杂，账本混乱。辛迪的 QBR 是理清一切混乱，以简单易懂、令人安心的方式把财务状况告知客户。客户都爱上了辛迪的公司，因为他们终于找到了一个不仅善于沟通，而且能够解决他们独有问题的人。这个人完全理解他们的处境（细分市场的力量），且交付的产品正是他们需要的（QBR 的力量）。

许多客户认识辛迪后，都开始奔走相告，宣传她的公司。这就是履行了 QBR 后会发生的事情。客户大肆吹捧的结果是什么？在辛迪还未专注于细分市场的那些年里，她一个月只能获得一个线索。当她下定决心服务于细分市场，并将营销手段瞄准该市场后，她获取线索的频率渐渐提升至一天一个。这个结果已经非常了不起了。后来，辛迪致力于履行 QBR 以及一切相关工作，她火力全开，每小时就能获得一个线索。这样的扩张速度会让最镇定自若的人也感到窒息。

在电话里，辛迪向我解释发生了什么事情。由于她名声在外，一场受众为亚马逊卖家的热门线上研讨会邀请她作为嘉宾去分享

第八章

第七步：监控企业

资金管理策略。

"嘉宾名单公布后不到一小时，我的线索数量就暴增了。"辛迪告诉我。有的亚马逊卖家早已从其他电商卖家那里认识了辛迪。看到她的名字出现在研讨会的网站上后，他们纷纷联系她，向她咨询服务。网站的宣传加上快速的口碑传播，辛迪的每日线索量达到了 25 个。

凌晨 1 点 15 分，我明白了问题的细节。辛迪出色地履行了 QBR，线索源源不断地涌入。ACDC 模型中的引流环节极为顺畅，但在转化环节，潜在客户流却遭遇了瓶颈。辛迪无法以足够快的速度把所有线索转化为客户，只能让前来咨询记账服务的人们不断等待。在每天只有一个线索的时候，辛迪还能勉强应付；而现在，每小时就有一个线索，她根本不可能应付得来。灾难即将降临，企业声誉或许也将因此受损。

在接下来的 45 分钟里，我和辛迪一起尝试解决瓶颈。在这种情况下，你有几种选择：一，提升潜在客户的转化速度，你可以雇佣更多的销售人员；二，借助销售视频，把转化的流程自动化。但是对于辛迪的企业来说，这两种方法都不合适。在沟通了辛迪对企业的愿景后，我们反向倒推至瓶颈处。

辛迪和我分享了她希望服务的客户类型，以及收入和利润目标。有了长期的目标后，我们思考今年的收入和利润需要达到多少，才能达成长期的目标？如此一来，我们就能得到本年度 12 个月的收入和利润目标。

我问她："你希望通过多少个客户达成今年的目标？"辛迪认为

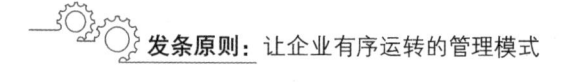

100个客户比较合适：体量足够大，没有任何一个客户所带来的收入会超过总收入的5%；体量也足够小，辛迪可以认识每一个客户。如果她愿意，还可以亲自和所有客户进行沟通。

一个客户每年（今年）需要支付8000美元，辛迪才能达成目标。也就是说，当辛迪把线索转化成客户时，如果这个新客户今年只能支付3000美元，那她就无法达成目标，而这个客户还成了受益方。毕竟，为他们提供服务的是世界上"最好"的电商记账公司。但辛迪因此无法达成今年的收入目标的。

知道了转化门槛是每年8000美元后，我们马上修改了辛迪企业的自动回复邮件，把这个信息传达给潜在客户。从那天凌晨两点开始，也就是我读到辛迪求救邮件的一小时后，当潜在客户给辛迪企业发邮件时，他们收到的自动回复不再是这样的："感谢垂询，我们将为您安排电话沟通。"而是这样的：

_____（咨询人的姓名），您好：

感谢您对记账簿公司（bookskeep）的垂询，也感谢您与我们分享贵司的信息及需求。

我司规模不大，总裁辛迪与她的丈夫（商业合伙人）戴夫（Dave）会亲自监督我们为每一个客户所提供的服务。为了维持客户预期中的最高服务质量（我们也是这么要求自己的），我们不得不控制客户数量。通常而言，我司客户每年的投入是8000美元。我诚挚地与您分享这一点，让您能够决定这笔投资是否符合预期（需求评估

第八章

第七步:监控企业

后,实际费用会有所浮动,请知悉)。

如果与您的预期相符,还请回信告知,我们将安排电话沟通,为您介绍我司的记账服务。请点击下方的会议安排链接,选择您方便的时间。

【安排与布瑞的会议】

如果您倾向于费用较低的服务产品,我司每月会举行线上研讨会,为您提供利润相关的咨询服务及公司内部记账培训。若您感兴趣,还请回信告知,我将为您进一步介绍。

再次感谢联系我们,请永远将利润放在第一位!

布瑞

(注意到自动回复的发件人了吗?是布瑞!你还记得她吗?辛迪把她安排在了合适的岗位上,她的职责之一是打销售电话。)

瓶颈解决。一天之内,虽然线索数量没有减少,但潜在客户进行了自我过滤,辛迪团队只需与合适的线索沟通即可。辛迪的企业变得前所未有地强大、健康。

辛迪已经知道下一个瓶颈会出现在哪个环节了,是交付。规模更大、质量更高的客户不断涌入,他们都希望得到最高质量的服务,这也是他们应得的。因此,辛迪正忙于规划交付流程,确保越来越好的交付服务——一次只转动一个旋钮。

明确 QBR 后,指标会让你自由

还记得莉泽·屈克的故事吗?在丈夫被调遣至外地时,她开设了数家时刻健身的加盟店。莉泽从二年级就开始做生意了,她自己制作了涂色卡纸,并以一美元的价格卖给同学。莉泽是个天生的企业家,然而在初涉健身行业时,她所经历的故事相信大家再熟悉不过了。她曾与一家《财富》世界 100 强企业签署合约,为他们打造普拉提和瑜伽课程。虽然工作时间长,工作成果好,但却赚不到多少钱。莉泽决定放手一搏,加盟了成立不久的连锁健身房——时刻健身,买下了三家门店。这一次,她不再打算每周工作 80 小时。把每一家门店筹备好并运营起来后,她计划着尽可能地减少工作时间。

开设第一家门店时,她六个月大的儿子还在学步车里,步履蹒跚地跟在她的身后。后来,她又开设了两家门店,接着又是两家。莉泽是帕金森定律大师(我们在第一章中介绍过这个定律),虽然这听起来很"疯狂"。丈夫被调遣至外地,莉泽的门店却一家接一家地开张。她没有时间为企业工作,只能让企业为她工作。你知道的,就像发条一样。

你或许还记得,莉泽的五家门店都不在她生活的州内。即使面临这样的挑战(也是机会),莉泽也让一切都顺利地运转了起来。莉泽设置了一套谨慎细致的管理制度,覆盖了企业经营的方方面面。

第八章

第七步：监控企业

她还有一套监控工作进度的方法，我会在稍后展开。

几年之内，莉泽的五家门店就产出了七位数的年收入。而她完全居家办公，每周工作时间不超过五小时。是的，我现在再看这个数字，依然会觉得不可思议！我或许还会再感叹一次。我现在就想再感叹一次。通常来说，莉泽会花一个月的时间筹备门店开业。门店走上正轨后，她每周只会花5个小时打理5家门店。后来，莉泽夫妇卖掉了健身房。在运营健身房的过程中，她学习并打磨了一套方法。现在，她的工作是借助这套方法帮助其他企业家实现增长；

如果用激动来描述我和莉泽谈话时的心情，那就太含蓄了。在电话里，她立刻和我分享了她是如何创建看板，从而让企业实现自主运转的。莉泽使用了两个看板。第一个看板是一张周表。五家门店中，所有背着销售业绩的员工都会在这张表里录入数据。不论是门店总经理、私教经理，还是为自己销售业绩负责的私教，他们每周都会录入数据，最终汇成这张周表。

数据周表中体现了几个与会员数量相关的核心指标：新入会人数、续费人数、退会人数以及各类暂停账户的人数。这张报表还监控着日常运营，比如约课数量、接听电话数量、无预约步入式顾客数量。除此之外，周表也监控着五家门店的销售成交率。

"这张报表太强大了，"莉泽告诉我，"我只需要五分钟就能看完。报表上的主要指标（确切地说一共有七个）让我能了解门店的经营状况。如果出了问题，我会再查看相关的细分指标。另外，我的区域经理也会查阅周表，并在每周一的晨会上向我汇报她对数据的解读。"因此,莉泽无需每周跟踪看板,这项工作由区域经理负责。每个星期,莉泽只需花几分钟查看看板的每周总结。通过数据总结她就能知道是否有地方需要改善。

"以前,我的周一晨会有六名核心成员参加。卖掉健身房门店后,我依旧担任着他们的咨询顾问,并延续了晨会习惯。我会听取他们对经营状况的解读,并指引他们,鼓励他们。有的时候我还会召集第二种会议,会议上简单地过过数据,会议时间从不超过半个小时。数字是不会撒谎的。"莉泽解释道,"在会议上,区域经理会向我讲解数据背后的实际情况,比如她会说:'我知道数据不太好看,但布兰特妮(Brittany)的丈夫刚刚被调到外地,所以现在就是这种情况了。'"

莉泽能够了解,数据下降是因为临时状况,比如员工因丈夫被调遣至外地而心情不好,还是因为出现了更严峻的问题需要解决。

"每个月月底我还会拿到一张数据总表。除了查看看板上的核心指标外,我每个月还会深入挖掘所有数据。"莉泽解释道,"这张数据总表也很简单:第一行是门店设定的本年度目标,第二行是去年达成的数字,第三行是今年截至目前的进度。从这张表上可以得知,门店去年表现如何,今年的目标是什么,下个月的目标是什么,以及目前进度如何。"

"比如,我会拿去年七月份的员工流失数和今年七月份的进行对比,好知道该如何调整才能让这个数字更接近目标。"莉泽继续说道,"为企业制定目标和规划时,会发生许多偶然状况,尤其在团队扩张时期。员工可能会辞职,某项数据可能会下降。数据变化得非

第八章

第七步：监控企业

常快,而这个看板能让我纵观全局。"

不要忘记,莉泽只会在开业初期短暂地出现在健身房。然而,这几周正是企业文化形成的关键时间,莉泽会确保每个员工都熟知 QBR 以及如何履行 QBR。"我对健身房有着宏大愿景,我知道必须在团队中树立起这个愿景,才能驱动员工。"莉泽说道。同时,她还把 QBR 传达给了健身房的老会员以及健身社群中的人们。毫无疑问,莉泽的招聘标准也是以 QBR 为依据的。如果一个经理人品不行,就算能把健身房管理得井井有条也没有用;如果一个经理会竭尽所能地为客户提供卓越服务,即使有时出些差错也没有问题。QBR 永远是她最优先考虑的因素。

如果莉泽没有明确 QBR,她还能远程经营门店,每周只工作五个小时吗(除去筹备期)？如果她没有培训员工如何履行 QBR 呢？如果她的客户不信赖她的 QBR 呢？如果没有强大的看板让她能够随时掌握企业动态呢？以上因素缺一不可。而且,虽然莉泽身不在门店里,但她的心热爱着降低肥胖率这项事业,会员成功减重的故事会让她成就感满满。

◆ ◆ ◆

最近,我爸爸的身体出了点问题,把全家人都吓坏了。紧急送往医院后,他立刻被接上了测量生命体征的机器,机器监控着脉搏、血压和体温。虽然这几项体征并不是爸爸的直接病因,但它们对于生命而言十分关键,所以需要密切监控。医生根据症状——极度虚弱、脱水及产生幻觉——诊断出了他的"瓶颈",可能是中风或尿路感染（老年人尿路感染时，就会出现以上症状）。检测结果显示，确实是尿路感染。医生给他开了抗生素，并监测着身体指标。渐渐地，爸爸的身体有所好转，虽然缓慢，但风险不大。随着尿路感染的症状消失，指标也显示爸爸在逐渐康复。两周后，我们为他庆祝了90岁生日。大个子老爸用力地吹了一口气，吹灭了蜡烛。如果没有监控生命体征的指标，我不敢想象情况会有多糟糕。

明确QBR，让团队专注于以始终如一的质量履行QBR，不出差错。如此一来，你也能通过由简单指标组成的看板来监控企业的健康状况。你必须为企业的四个核心环节——引流（线索）、转化（销售）、交付（你对客户的承诺）以及收款（客户对你的承诺）——设定数字目标。数字虽然不会骗人，但也无法告诉你所有事情。它们只会在问题或机遇出现时，举起小旗子通知你。这个时候，你就需要采取行动，着手调查了。最终，你将能够借助数据管理企业，完全从企业事务中脱身。虽然一周只工作短短的几个小时，但是在让企业实现增长的同时，你仍然能够获得愉悦感与满足感。

⚙ 发条原则的实际运用

现在，用20分钟思考一下，你想在看板上使用哪些核心指标。记住，不要弄得太复杂。指标过多会难以监控。手机计时20分钟，开始寻找你的核心指标吧，也就是最能准确反映企业健康状况的

第八章
第七步：监控企业

指标。

理想的指标是那些能够衡量 QBR 和 ACDC 中的瓶颈的指标。若想改善 ACDC 流程，可以采取哪些关键举措？把这些指标分类，并衡量进展。如果 ACDC 出现了问题，你认为企业最大的风险点是什么？你希望改善企业的哪些方面？设定指标，让它们帮助你监控这些事项。

依然觉得寸步难行，希望求助于专家，让他们为你充分打造如发条般自主运转的企业？我想愉快地告诉你，在我与阿德里安娜·多里松会面后，我们成了商业合伙人，并联手开发了发条原则。这是一套综合方法论，能够为你与你的团队精简企业的方方面面。若想进一步了解我们的服务，请移步 RunLikeClockwork.com。

CLOCKWORK

第九章

阻力（以及如何应对）

我上一次去澳大利亚巡回演讲时,几乎和放了四周假没有区别,这是我没有预料到的。那个时候,我正在写这本书,同时也在自己的企业试验发条原则。我想这就是我的作品与其他作者、咨询顾问的作品的差别所在。研究某个概念时,我会先拿自己的企业当试验品,周期长达数年。试验后,我才会开始写书。在写作过程中,我会继续在其他企业中测试这套方法并做出调整,并在自己的企业中测试调整过后的版本。反复迭代是家常便饭。

在澳大利亚珀斯,我住在虽然老旧但很经典的摩德小姐酒店(Miss Maud Hotel)。酒店的瑞典式自助早餐提供味道一流的酥皮点心。享用完早餐后,我喝了口咖啡,在餐桌上打开笔记本电脑。几天前,我和澳大利亚企业家莱蒂西亚·穆尼(Leticia Mooney)碰了一面,发现发条原则还有最后一处需要调整。调整完后,我就完成了这本书的核心内容,没有其他工作了。我考虑要不要再吃一轮自助餐,但这只会让我腰间的赘肉越来越多。我搅动着大拇指,思考等会儿能做些什么。我查了查邮箱,没有新邮件。刷新,依然没有。如果你曾感受过邮箱爆满的恐惧,那么我要告诉你,看着空空如也的收件箱,这种恐惧远比前者更强烈。我一直以为自己已经越过了阻挠企业自主运转的最大障碍——我的自尊,但在那一刻,我才意识到其实并没有,唉。

珀斯处在世界的另一端,几乎就在我老家新泽西的正对面。两地之间有 12 小时时差,我的白天是他们的黑夜,他们的白天则是我的黑夜。这就意味着,我在澳大利亚工作时,我的团队都在睡觉;而身处新泽西的他们起床工作时,我却在睡梦中,垂涎着炭烤大虾。我们之间隔着极长的时差,团队需要我时,无法立刻联系上我,我也没办法立刻联系上他们。

过了几天这样的日子后,我开始觉得世界并不需要我,我和世界完全失联了。自由与不被需要有着显著的差别。真的,我就像被当头泼了一桶冷水。我一直想从企业中解脱出来,但是现在,没有一个人给我打电话,甚至没有人问我要信用卡以支付办公室比萨派对的费用。老天呀,这真的很难接受。我的团队不仅在运营着企业,他们还在没我的情况下运营着企业。我花了好几年的时间打造自主运转的企业。现在我有了证据,证明我已经成功了。然而,当我意识到自己不再被需要时,我的灵魂被撕裂了。

我一个人坐在餐桌旁,思绪万千。我独自身处澳大利亚,被满墙的丹麦酥和苹果派监禁着,但没有一个同事关心我。我的意思是,没有一个人需要我。我慌了!如果我深入澳大利亚内陆去徒步旅行,再也不回美国了,会有人发现吗?

第九章
阻力（以及如何应对）

我该怎么办？发现自己不被需要时，人类只会做一件事情：重新插手工作。我开始给团队发邮件，问问题，提要求；我不但给自己找事儿，也给别人找事儿；我开始为自己亲自打造的运转良好的机器制造麻烦。新泽西的同事一觉醒来，就看到了我发送的数十封邮件。邮件里的任务把他们使唤得团团转，降低了他们的工作效率。他们还得联系我征求我的意见。我在澳大利亚的日程一下就被填得满满的。这个主意太妙了，不是吗？如果你哪怕有一秒钟认为我的做法是正确的，那请想象一下我当时的样子：坐在餐厅里，身旁围绕着丰盛的食物与一群澳大利亚奶奶（她们显然是摩德小姐酒店的常客），在语音留言中大吼大叫，向同事发号施令，拖累着我的企业。

我们需要明确一点：我从来没有说过自己是工具箱里最聪明的工具。工具，我或许是；好吧，我确实是。这与我的智商无关，而与我的自尊有关，这是人性。你或许也经历过类似的情况，希望自己在企业中或生活的其他领域中一直被需要，比如在把孩子送上大学时。我知道，我和我的妻子在那个时刻就曾有过这种感触。一夜之间，曾经喧闹的家变成了空空的仓库，里面只剩下"现在该做什么？"孩子刚离开家时，你会心情愉悦，感觉解脱了："这是我新生活的第一天。"可是到了晚餐时间，却没有人大喊着："妈妈，晚上吃什么？"意识到自己不再被需要，这会让你感到窒息。实在太痛苦了！于是，你拿起电话打给孩子，插手他们的生活，让自己变得不可或缺。我已经把两个孩子送上了大学，第三个也马上要走了；我的自尊让我无法失去最后一个孩子——我的公司。我重新插手企业事务，试图把"已经成年的孩子"拉回家里。这对我的团队是无益的,对我自己也是无益的。

事实是,孩子上了大学后,他们依然需要我们;企业实现了自主运转后,团队也依旧需要我们。只是,他们会以另外一种方式需要我们。

我在这本书里详细讲述了精简企业的流程。在这个过程中,你将受到来自自身以及公司其他人的诸多阻力,而自尊心受挫只是其中一种阻力而已。当你开始实施发条原则,团队、合伙人、同事、朋友、家人以及你自己或许都会反对、抗拒。请认识到这一点,并为此做好准备。最重要的是,对自己多一点耐心,对别人也多一点耐心。改变是很困难的,朋友。我们都只不过是人类而已,而人类是出了名地难以克服人性的弱点。

什么是行之有效的?与你的感觉正相反

最具讽刺意味的是,建立企业制度是艰苦的,但却不是无意义的。你不需要不停地打字,也不需要不停地和人们碰面。你不会忙个不停,但是你需要把注意力集中在最艰苦的工作上——思考。

思考企业、规划企业会消耗许多精力与注意力。我们是人类,而人类的本能反应是通过执行逃避思考。努力工作比努力思考更容易,这听上去像是胡说八道,但事实确实如此。

第九章
阻力(以及如何应对)

比如,你现在有两个选择:一,在 15 分钟内挖一条沟渠;二,在 15 分钟内还原一个魔方。虽然对于许多人来说,挖沟渠是项艰苦的体力活,但却是更容易完成的。由于结果基本上是可以预见的,所以多数人都会选择第一个选项。有的人或许会尝试还原魔方。但在几分钟后,中间那该死的黄色方块还是和其他该死的黄色方块不在同一个该死的面上。这个时候,人们就会感到沮丧,扔下魔方,跑出屋外,在大雨中开始挖沟渠。思考会耗费许多能量、许多耐心以及许多注意力。

而且,当我们"思考"而没有"执行"时,我们会觉得没能为企业创造价值,因为思考往往无法立刻产生结果。划掉待办清单上的任务,完成每天的工作、交付服务,并达成目标,我们都喜欢这种即时满足感。

然而事实上,思考者所完成的工作是非常重要的。人们甚至树立了一尊雕像向思考者致敬。你知道的,《思想者》。因为他想明白了,目标不在于完成工作,而在于思考如何完成工作。你的目标不是完成工作,而是让公司完成工作。你不应该执行工作,而应该思考工作,以及思考让谁执行工作。

不要误以为,当你全身赤裸地坐着、拳头抵着下巴时,你就不是在工作。见鬼了。所有人都知道,最妙的想法来自淋浴间!为什么?因为你没有在执行工作:没有在发邮件,没有在打电话,没有在执行。你正在做一项最重要的工作——思考。现在只要去到外地,我就会找桑拿房。桑拿房就像放大版的淋浴间(我在里面什么也做不了,连动也不能动),我就坐在里面思考。毫无疑问,我最妙的点子都是在桑拿房里想出来的。

想知道如何打造自主运转的发条型企业吗?给自己提一些宏大且有影响力的问题,让大脑来解题吧。不要忘了,虽然赤身裸体,但这不代表你没有在工作!

来自合伙人的阻力

我已记不清我的商业合伙人曾多少次这么对我说:"你为企业付出的还不够,我们需要你投入更多。"我理解罗恩为什么会这么想。他的心态仍然是"亲自完成所有事情"。一切都是重要的,一切都非常关键,一切都很紧急。罗恩会这么对我说:"你以前在公司里忙得团团转,我从来没有见过像你这么努力的人。但是现在,你都不在公司了。"你和我都很清楚,这是因为我在从执行者向规划者转型。但是在外人看来——甚至包括你的商业合伙人——你仿佛放弃了这家企业。

罗恩有一颗赤子之心,我很钦佩他。我知道,他非常关心我们的企业、我们的客户以及我们消除企业家贫困的使命。他对每件事情都很上心,希望每个人都能收获非凡体验,他是我在商界中最信任的人。

刚开始精简 PFP 时,我们曾在一次季度会议上向全体员工解释

第九章
阻力(以及如何应对)

我会怎么履行 QBR,以及他们该如何支持 QBR。我告诉他们,在公司创立的八年前,我就提出了"绝对利润"的概念。我在第一本书中收录了这个概念,并在为《华尔街日报》撰写的一篇文章里将其扩展延伸。那个时候,我必须深挖并改良这个概念。正是我花在这上面的时间,把这个概念变成了现实。我向员工解释我现在的工作是寻找策略方向,规划大的动作,宣传公司以及找到能宣传公司的人。PFP 初创时,我不得不亲自完成所有工作,毕竟那时只有我和罗恩,我们都需要执行。而现在,公司需要我成为一个规划者。

我和罗恩私下又碰了碰。我希望他能给予我更多支持,帮我卸掉日常工作,但他并不乐意。我们激烈地争论过许多次。他坚定地认为,我需要把更多时间用于企业内的工作,而不是写作和演讲。就像我前面说的,我们的 QBR 是向外界宣传我们的使命——消除企业家贫困。而罗恩希望我做的工作对扩张企业并没有帮助,反而还会限制企业。但是,对于罗恩这种每天从早到晚都忙个不停的人来说,我的计划是反常的。

我努力地把 PFP 打造成没有我(以及他)也能运营的企业,而罗恩反对我这么做,这一点我能理解。后来,我们雇佣了一个新员工——比利·安妮(Billie Anne),我和罗恩的矛盾也达到了顶点。比利的技术能力不错,对此我很兴奋。因为直到那时,全公司只有我一个人有能力完成技术方面的工作。我的技术经验比另外五个员工的经验总和还多。毫无疑问,开发手机应用的项目需要由我来牵头。但是,我的注意力全在履行 QBR 上,而且我手头还有其他项目的管理工作。因此，我只有零星时间能够顾及技术项目。

在当时，我们正在研发一款供 PFP 会员使用的软件。我牵头项目五个月，却只能把软件开发至可用但不好用的程度，对会员毫无吸引力。为什么这么说呢？因为在推出了第一个版本后，会员依然更倾向于使用表格和纸。

我和罗恩沟通了项目进展，我对他说："我想让比利·安妮来带这个项目，她可以胜任。"

罗恩强烈要求我继续带下去，他说："迈克，你起了头，就得坚持到底，这是你的责任。你要更努力地工作，克服困难。"

罗恩说的没有错，这和他的人生经历是一致的。但是，他的人生经历和企业效率没有相同之处，反而与"只要提高生产力就万事大吉"的野蛮方法是类似的。我想，这都怪长曲棍球。

高中时，我和罗恩都是学校长曲棍球队队员，他打得比我好。（我发现他现在依旧打得比我好，最近我们参加了校友赛，他在开球时给我上了一课。）在比赛中，每一个队员都必须竭尽全力拼到底。罗恩非常清楚长曲棍球的黄金法则：任何队员倒下或表现不佳时，队长就必须打得更努力。你不应该想怎么做得更少，而应该坚强起来，做得更多，越来越多。当然，长曲棍球比赛犹如一场冲刺跑，比赛时间是一小时；而运营企业是一场马拉松，这场"比赛"会持续几年，几十年，甚至一辈子。

"罗恩，我们已经不是长曲棍球队的队员了。"我对罗恩说，"我们是球队的老板，必须拿出老板的样子。我们还没有聘请教练，所

第九章
阻力(以及如何应对)

所以你需要履行教练的角色,就像我履行 QBR 一样。我们要充当教练,指导团队和员工,把取胜之道告诉他们。我们现在已经不在场上打比赛了。"

我想他听到了我说的话,但他没有改变。那次沟通结束得很不愉快。出于对罗恩的尊敬,我仍然牵头技术项目。不过,在得到了罗恩的许可后,我还是做了一个小测试。我让比利·安妮替我分担了项目的一小部分,她很快就出色地完成了。我找到罗恩,告诉他我在比利·安妮的帮助下完成了项目的一部分,并拿出结果给他看。

罗恩说:"哇!她速度真快!让她再做一些吧。"就这样,罗恩同意让比利·安妮承担越来越多的工作。现在,她已经是项目负责人了。在那三个星期中,我说服了罗恩。我向他展示了比利·安妮的工作成果,并告诉他我退出项目会对公司更有益。更重要的是,他也说服了他自己。罗恩是个聪明人,渴望学习。但是,他也和你我一样喜欢待在舒适圈里。在赛场上,他打得比谁都努力,包括我;在公司里,他工作得比谁都努力,也因此取得了成功。但是此刻,他必须走出"努力工作"的舒适圈,开始从事规划工作。有的时候,你最大的阻力来自商业合伙人或高管团队。他们都是人,面对变化时需要指引。请一小步一小步地向组织效率迈进,通过测试向所有高管证明,他们需要放下"执行",开始"规划"。

退出了软件开发项目后,我拥有了更多时间可以和国际商业伙伴会面,商议 PFP 的国际合作。在费明卡·霍格玛(Femka Hogema)的牵头下,我们在荷兰开设了办事处,毫不费力就获取了 30 名新会员;

我们还与罗拉·埃尔卡斯拉西（Laura Elkaslassy）合作，在澳大利亚开设了办事处。罗拉展现出了服务社群（以及扩张公司）的卓越能力。接下来，我们还打算前往墨西哥、日本或者其他国家。虽然这些地点还处于筹备阶段，但 QBR 永远是最重要的。

商业合伙人会质疑你，因为他们依然扮演着队长的角色，而不是教练或球队老板。他们没有做错，也没有做得不好，他们只是在做自己熟悉的事情。所以请与合伙人共同努力，各让半步，再各让半步，直到他们意识到组织效率的好处。

有一次，我在一天之内往返芝加哥，去见老朋友里奇·曼德斯（Rich Manders）。他的公司飞思卡尔（Freescale Coaching）能够帮助客户提高企业效率、实现增长、提升利润，做得非常成功。潜在客户愿意提前一年甚至更久，支付 10000 美元订金，只为了接受他的培训辅导。是的，他就是这么厉害。

那天，我们走在密歇根大道上，去参加一个小组会议。我问他："你帮那么多公司实现了增长，你觉得企业需要克服的最大、最常见的障碍是什么？"我以为他的答案会是财务、市场营销或产品结构。

里奇看着我说："很简单，就是高管团队之间缺乏顺畅的沟通。永远是这个问题。"

发条原则不是为你一个人设定的，而是为了全公司设定的。每一个人都要知道它，每一个人都要认可它，每一个人都要让领导从执行者转型为规划者。

第九章
阻力(以及如何应对)

来自其他人的阻力

在向规划者转型、将企业的时间比例朝最佳 4D 模型靠拢时,你很可能会受到来自其他人的阻力:员工、供应商、股东(如果有的话),甚至客户。来自这些人的阻力比来自商业合伙人的阻力更好应付,因为你是最终的决策者。你在做出决策时,无需与和自己有同等决策权力的人进行商讨。

受到阻力不意味着你走上了错误的道路,也不意味着你只能草草解决因鲁莽而产生的争端。请做好准备,迎接一路上的阻力,制定策略,未雨绸缪。这么做能让你更好地应对阻力。其实,人们之所以施加阻力,是因为他们恐惧、没有安全感。顺畅沟通、管理预期、聆听问题和担忧、安抚人心,这几项举措可以在很大程度上消除类似的负面情绪。

有的人执着于坚守传统、旧习和企业文化,听一听他们的反馈能让企业的转型更顺畅、更高效。毕竟,你没有办法预见每一个错误和偏差,而与你共事的人完全可以帮助你发现它们。

生活好花钱少公司的鲁斯·苏库普在阿德里安娜·多里松的帮助下,将企业打造为发条型企业。她把公司的 QBR 设定为产品设计,她们的产品能让女性生活得更简单,而企业增长则依赖于这些产品的改进与创新。

鲁斯是 QBR 的主要履行者,她写的书《生活好,花钱少》(*Living*

Well, Spending Less）荣登《纽约时报》的畅销书榜，她还开发了生活规划软件以及其他有用的工具。鲁斯发现自己承担的工作太多了，需要让员工分担一些。我想你对此不会感到惊讶。她和阿德里安娜制定了一个目标：每周腾出三天"咖啡店"时间，让鲁斯可以集中注意力打磨产品，拓展公司愿景。没过多久，鲁斯就清楚地意识到，要达成这个目标及其他目标，必须扩张团队。鲁斯新招了一个CMO（首席营销官）和一个创意总监，情况大有改善。

鲁斯是这么对阿德里安娜说的："为了让我拥有这三天的'注意力集中时间'，每一个部门都不得不进行调整以支持这个目标。他们会监控我达到目标的次数，这也是他们的考核指标之一。我们还没能达成目标，但是我们在努力了。每个人都在携手共进，积极主动地承担工作。"

鲁斯继续解释道，她第一次没有在发布重大产品时感到紧张和压力；在企业中运用了发条原则后，员工离职率也降到了零。

鲁斯还调整了团队成员处理矛盾的方式，并设立了一套方法，从而更好地了解员工的忧虑，找出解决办法。比如，在实施发条原则前，鲁斯是唯一关注收入和现金流的人。把收入设为员工的考核指标后，她在一开始遇到了一些阻力。员工并不是不想关注收入，只是他们还没有习惯以新的角度来看待自己在公司中的角色。

"我无法描述这一切有多神奇。"鲁斯接着说道，"刚开始实施发条原则时，公司第四季度的业绩糟透了。我们招了很多新人，连续两个月的业绩都非常糟糕。我的团队向我保证，我们做的事情是正

第九章
阻力(以及如何应对)

确的,要坚信自己能挺过去。后来,他们掌控了大局,在四天内打造出了新产品,大获成功。"

鲁斯的目标、特定的解决方案以及产出都获得了团队的支持。在下一季度,公司的收入打破了历史纪录。鲁斯说:"我越来越能看到团队的努力,我也越来越愿意相信他们。他们为自己的信仰而拼搏,为利润、为我而拼搏,因为他们知道什么是重要的。我很感谢他们。"

随着企业开始如发条般顺畅运转,你会受到来自各方的阻力,有意料之中的,比如员工及合伙人,也有意料之外的。当家人发现你如此清闲,他们会提出疑问,并担心现金流出现问题;同事会疑惑为什么你不再是个工作狂,并质疑你运营企业的新方式。不论谁提出反对,都请记住,他们和你一样只是普通人。他们总有一天会明白的,而你也总有一天会成功的。实践是检验真理的唯一标准,你的企业将成为如发条般运转的盈利企业。

⚙ 发条原则的实际运用

主动与大家沟通你对企业的愿景和规划,包括合伙人、同事、供应商、客户以及家人,与他们进行沟通,听取他们的想法。在推进企业实现自主运转的过程中,坦诚积极地进行沟通可以解决许多问题。行动是根本,现在就开始沟通吧。更好的办法是,提前约好时间,把沟通提上自己和他们的日程,而不是打断他们手头上的事情。

CLOCK WORK

第十章

四周假期

"两年后,我要和家人搬去意大利生活,在阳台上喝着柠檬利口酒,俯瞰罗马。"

在一次企业家学习班上课前,大家正在客套地寒暄着。格雷格·雷丁顿(Greg Redington)宣布了这个决定,吸引了所有人的注意力。这可不是我们意料之中的回答。当我们询问"最近有什么新鲜事"时,答案通常是以下三者之一:"没什么有意思的""一切都挺好的"或者"我哪里疼,好奇怪"。但是意大利?什么?不是吧?

一开始,我们以为格雷格在开玩笑,只是随口说说而已。后来发现他竟然是认真的,大家都吃了一惊。

"格雷格,你说的意大利是真的意大利吗?那个靴子形的国家?还是你说的只是你家那边最近聚集起来的小意大利社区?"我问他。我依然无法理解,他竟然要扔下新泽西飞速发展的企业,永远地搬到另一个国家。就算不是永远,至少也是很长一段时间,长得足以让他把意大利称作新的家乡,把万神殿称作早上喝咖啡的最爱地点。

格雷格是红点设计与建筑有限责任公司（REDCOM Design & Construction LLC）的创始人。这是一家商业建筑管理公司，服务于纽约和新泽西的客户。他把企业做得非常大，年收入达 2500 万美元。他非常享受工作，但是企业完全依赖于他。格雷格希望更多地体验生活，有更多的生活时间，他不想再履行 QBR 了。

周全细致是格雷格的天赋，这一点体现在他的穿着、居家环境和说话方式上。他言简意明、谨慎细致、滴水不漏。也因为这一点，红点公司在业内拥有良好的名声。在建筑行业，施工误差、返工、临时调整都非常常见，但红点公司从项目一开始就不会出错。他们完美地建造出令人惊艳的建筑，你知道的，他们的作品就像万神殿一样，只不过地点是在新泽西。在此之前，格雷格一直履行着 QBR。而让企业实现自主运转的最后一步，是放下 QBR。他希望以盛大的方式——实现长久以来的梦想——来完成这最后一步。

学习班上的企业家纷纷要求格雷格多说一些。他表示在一年前，就有了带家人搬到罗马的想法。为了实现这个梦想，他把精力投入到了发条原则的最后一步。他把自己从企业中移除，让企业能够自主运转。结果是惊人的。格雷格在意大利生活了两年后回到美国。企业收入翻了一番，年收入达到 5000 万美元，员工人数也增加了一倍。

这是我的目标，也是我希望你能达成的目标。不是收入，而是可以随时离开企业，但企业依然能稳步向前的自由。你已经朝这个方向前进了一大段距离。你完成了发条原则的七个步骤，希望你已

第十章
四周假期

经看到了企业的效率在提升。你平静了思绪,建立了企业管理制度。只是读完了这本书,你就已经遥遥领先其他企业家了。现在,是时候安排你的四周假期了。

你能做到的。我向你保证,你真的能做到。当你把休假计划告诉别人时,肯定有人会以为你在开玩笑。朋友可能会反对你,甚至嫉妒你,因为——别管他们出于什么动机——他们没有办法休四周假;家人可能会强烈地反对你,他们会担心企业财务状况出现问题;同事或许会——划掉,肯定会——反对你,他们不相信企业老板真的能休四周假或者应该休四周假。没有关系。依据我的经验,他人的反对通常是一个信号,代表你所做的事情挑战了常规而单调的、坚称事情就应该按照老样子去做的心态。当然,你需要消除家人对财务状况的担心,这样他们才能享受假期(请阅读《绝对利润》),而其他人的反对大可无视。你已经努力地优化了企业制度,现在是时候享受回报了。

即使在这四周假期里你什么也没有做,只是坐在后院里看松鼠,你和你的企业也会收获好处。毕竟,如果在没有你的时候,企业可以自主运转甚至实现增长,那么当你回到企业中时,企业的运营该变得多简单?(答案是很简单、非常简单、超级超级简单。)

休假回来后,你也不需要把休假时光完全抛诸脑后,格雷格就没有这么做。在罗马生活了两年后,他很舍不得离开意大利。所以,他带着一点意大利的念想回到了公司。不,不是一瓶柠檬利口酒,而是一辆菲亚特500。这辆著名的迷你轿车就停放在格雷格办公室的"飞机库"中，供其观赏或兜风。在温暖的春天，格雷格会开着它出去转一转。他当然不会满城跑，只会在"小意大利"里开一开。

回到企业中工作的感觉如何？格雷格从意大利回到公司里履行 QBR，他开心吗？说实话，他很开心。这就是发条型企业的魅力所在。你不一定要离开企业，但你有离开的自由。也就是说，你可以随心所欲。格雷格乐于牵头周密严谨的建筑项目，实现了在意大利生活的梦想后，他在公司里只做自己想做的事情。他成了公司的"特殊球员"。他不再飞身救场、"收拾烂摊子"。企业可以自主地顺畅运转，而他能够去做自己最擅长、最喜欢的事情。结果非常喜人。

为什么要休四周假？

在四周内，大多数企业都会经历完整的商业周期。也就是说，大多数企业的经营活动在四周内都会涉及 ACDC 四个环节：引流、转化、交付和收款。回头看看上个月，你的公司大概率在引流上做了努力，比如，让客户帮忙推荐一下，投了广告，做了演讲，发了一堆广告邮件，把用户引流到网站上，甚至以上都做了。在过去四个星期里，你也很可能在转化潜在客户上付出了努力，比如拨打销售电话，在网站上设置了一个"立刻购买"的按钮，设置了自动发送的推销邮件广告。简单来说就是，你努力地（希望你成功了）说服人们向

第十章
四周假期

你购买产品。在过去四周中,我相信你也忙于完成客户的项目,打造产品,寄出货物。你努力地按照客户的要求交付部分或完整的产品。在过去四周中,你还管理了现金流。你或许支付了一些钱,并(希望如此)收回了更多的钱。

在四个星期的周期内,大多数企业还会经历大大小小的内部问题或挑战,比如团队内的人事纷争,员工因流感而纷纷请病假,技术出现了故障,有人忘记了工作,有人虽然记得工作但却做错了。在这个周期内,你也很可能会面临许多外部问题,比如客户发牢骚,竞争对手推出了新产品,银行出了差错,供应商没有按时交货等。

在你离开的四周里,企业平时面临的大部分问题都可能会发生。因此,你必须找到办法,让团队在没有你的情况下完成工作,解决问题。如果你只离开几天,团队成员通常会把问题拖到你回来后再解决。但是如果你离开几个星期,企业将不得不自力更生。如果企业可以自主运转整整四周,那么你就知道自己已经成功地打造出了发条型企业。你可以把"发条型企业"的认证印章印在公司大门上,并永远地离开道奇城了,如果你愿意的话。

那么就让我们来测试一下企业吧,然后你就可以离开办公室,到其他地方度假去了。你可能想去罗马和格雷格夫妇共饮柠檬利口酒,也可能想和朋友共度这四周假期。如何利用这段假期,去哪里度过这段假期,这都无所谓。我们只需要让你的身体和心灵一起离开办公室。我们需要你彻底离开,无法联系团队。

去休假，真正地休假

多年来，我一直在思考如何脱离企业。不论是执行工作、为他人的工作做决策、赋权工作还是规划工作，我总感觉被困在了企业中。我坚信"我必须在"。正如我在第一章中和你分享的，就算在少数的几次假期里，我也没有真正地休假。虽然肉体不在公司，但我的灵魂还和公司保持着联系。一天内我会和公司连线好几次。我会不断地查看邮件、"躲起来"给客户打电话、写方案，反正就是埋头于工作。终于有一天，我意外地发现了真正的假期是什么样子的——和企业完全断联，让它自力更生。

那一次，我去了缅因州。

在缅因州的许多景点，你都能和企业随时保持联系，而我们去的地方则不然。我们在缅因州的西部山地区选择了一个费用全包的营地度假村，名叫格兰特的肯尼巴戈营地（Grant's Kennebago Camps）。我在忙碌的工作中抽出了一点时间来安排度假计划。在一片混乱中，我没有仔细阅览营地网站。我看到了"三餐全包"，美丽的湖泊，泛舟湖上的快乐家庭，每个人脸上都挂着大大的笑容。

而我没有看到的是，在那些照片中，爸爸妈妈和孩子们穿的都是迷彩服。

抵达营地后，我们很快意识到，我把这次家庭之旅安排在了一

第十章
四周假期

个打猎钓鱼的营地中。这个营地与"家庭"唯一相关的活动,就是营地成员将对小鹿一家发起狩猎。

我们和外界完全失去了联系——没有手机,没有电视,什么也没有。唯一能搜索到的是一个加拿大电台,播放着法语节目……我在高中时学过西班牙语,可我不会说法语。①

失联的第一天,我非常难受,仿佛正在戒毒。没有了我,公司会死掉吗?失联的第二天,我开始想办法。我可以每天开车进城和同事联系。最近的城镇要开一个小时的车,而我认真地考虑了要不要花两个小时来回,去查看工作进度。要不然,我还是享受家庭时光吧,全身心地享受。失联的第三天,我平复了心绪,爱上了这样的假期。

公司没有死掉,我相信你不会感到惊讶的。我的团队遇到了问题吗?当然。他们自己把问题解决了吗?解决了一部分。他们把没有解决的问题留到了我回去以后,让我来解决。他们很好地管理了客户的预期,意思是即使遇到了问题,他们也让客户了解到他们正在解决问题。

这次假期非常愉快。我们在岩石上蹦蹦跳跳,在山里徒步,在湖上划船。我们看到了鹅和驼鹿!还是应该叫大雁和麋?假期的力量非常强大,我们当下就把驼鹿定为了家庭吉祥物。驼鹿强壮而安详,虽然给人的第一印象傻傻的,这也正是我们一家人向往的

---

① 原文为西班牙语。——译注

状态。

现在,当我回忆起那一次改变人生的假期时,一切仍历历在目,我仍能感到无比快乐。假期中还发生了"蝙蝠袭击"与"水蛭攻击"等妙趣横生的故事,我和克丽斯塔会非常乐意在晚餐时和你分享。我们还能回忆起这些故事的每一个细节,而我错过的工作?我已经忘得一干二净了。实际上,我已经完全想不起来当时正在跟进的任何一个商业项目了。

在写这本书的同时,我也正在计划着一次四周假期。我认为最重要的事情就是确保自己和公司断联。我需要提防自己的弱点,防止自己找借口和公司联系,毁掉这场测试。选择度假地点和假期活动时,请把"和公司保持联系的频率"也考虑进去。还记得我第一次到访澳大利亚的故事吗?我和团队处于完全颠倒的两个时区。虽然可以发邮件、打电话、发短信,但我仍然觉得和他们彻底失联了。而且我竟然还用这些通信手段把事情搞砸了,惹得团队不开心。你是否应该选择通信方式十分有限的度假地点,强迫自己和公司断开联系?也许应该这么做。这绝对有帮助。记住,不要以为休假是因为你需要逃离公司,而是因为公司需要逃离你

抱着和公司断联的目的,根据你和家人喜欢的度假方式设计这趟旅行。远离工作,享受生活,这有助于你从工作中抽离;切断通信方式,这能防止你忍不住去"插一手",把所有事情都搞砸。

规划四周假期的目的是让你脱离企业,让企业学会自主运转。你和企业就像一对连体婴儿,需要通过手术才能分开,而这就是手

第十章
四周假期

术的最后一步。同时,这也是一场测试,测试你和企业没有了彼此能否独立生存。如果把这项练习比喻成一个药瓶子,那么瓶身上的注意事项会是"你将找回自己的生活"。

现在就请执行这些步骤,即使你是个体企业家。就算是个体企业家也能找到方法,让自己至少在部分时间无需承担所有执行工作。你可以把工作和交付流程自动化。借助技术手段和外包公司,各种规模的企业都能在很大程度上实现独立。

四周假期是为企业老板设计的,我们需要解救的人是你。如果你希望把企业的发条指数拉到最高(一切顺畅地自主运转),你也可以让员工休四周假。在我计划休四周假的那一年,我的助理凯尔西(Kelsey)也准备休三个月的长假。而我们已经预测到,那一年的业绩表现将创下新高。

这四周假期无需过度铺张,想去哪里度假都可以,但要把花费控制在可承受的范围内。你只需要在假期里达成以下几个目标:

1. 让身体离开办公室。

2. 让心灵也离开办公室。就算度假的地方有信号和无线网络,你也有办法做到这一点。

3. 在这四个星期里,让企业完全自主运转,不要插手。你可以去缅因州(很棒的选择),也可以去另一半的父母家里(比起缅因州,这个选择可不怎么样)。总有省钱的方法度过这四周假期。企业需要你这么做,它才能成长;你也需要这么做,你才能成长。

休假行动

四周假期的规划请从挑选休假日期开始,最好距离现在 18 至 24 个月。当然,你可以加快进程,在六个月后就和企业分开,或者以超人的速度,明天就分开。但如此一来,你就没有准备时间了。而如果把假期定在一年多以后,你就能在今年的同一个月中先演练一次。这是有效的假期规划中的重要一环。

一旦下定了休假的决心,你就会发现自己的想法立刻发生了变化。一开始你会想:"该死,我做了什么啊。"这很正常,这个想法会在 24 小时内消失。然后你会发现,你不再关注短期的工作或者眼下紧急的事情。"我该怎么挺过今天?"的想法会变成"我不在公司时,我该如何实现这个目标?"以及"企业的这个部分需要做出什么改变,才能不再依赖我,实现自主运转?"。

为了减轻你的负担,我为你分解了在不同阶段需要完成的任务。这能帮助你坚持到底,让你最终到达罗马、缅因州、缅因州的罗马(真有这个地方)或者任何一个你想度过 28 天的地方。

第十章
四周假期

距休假 18 个月
宣布休假

1. 把休假日期记在日历上,锁定这段时间。读到这里时,请立刻去做这件事情,不要拖延。你的自由和公司的成功都取决于此。

2. 把休假计划告诉家人、爱人以及任何一个需要知道这件事情的人——尤其是那些将和你一起休假的人!他们会推动你完成这次休假。

3. 然后,把休假计划告诉我。如果你还没有这么做,请给我发一封邮件,告诉我你已经下定决心休四周假,邮箱是 Mike@OperationVacation.me。邮件主题请写"我的发条承诺"(My Clockwork commitment),以确保我能看见。

距休假 16 个月
做一次时间分析

1. 完成一次工作时间分析。为了自己请至少完成其他所有发条练习。

距休假 14 个月
告知团队

1. 告诉团队你已下定决心休四周假。向他们解释你做这件事情的原因以及希望达成的目标,告诉他们休假会给公司和他们带去哪些益处。

2.让他们提出问题,说出心中的忧虑。赋权他们去获取产出。(还记得企业增长中的赋权阶段吗?)

3.要求他们支持你完成休假行动。向他们清楚地表明,你并不希望他们工作得更努力,也不希望他们把需要你解决的事情拖到休假回来后。告诉他们目标是尽可能地自动化企业流程。目标永远不可能是拖延问题,因为这不是解决办法,目标是在你不在的时候,问题也能得到解决。

我建议给每一个团队成员发一本《发条原则》。这样,他们就能详细地了解整个流程了。

4.建立横向沟通机制,让团队成员更好地沟通。

(1)明确企业中每一个职位的责任人(对工作是否完成以及是否正确地完成负有责任),并配置预备人员,以防主要责任人无法胜任工作。

(2)召开日会,线上线下都可以,但是一定要开。在日会上评估公司的关键业绩指标,让每一个与会人员分享前一天的重大工作成果,以及今天将要做的重要事项及原因。然后,和其他员工打个招呼,说一说生活中的新鲜事。在Clockwork.life上,我分享了一份公司某一天日会的录音。

第十章
四周假期

距休假12个月
开始减少执行时间

1. 召开团队会议,商讨你需要做些什么才能不再执行。制定行动计划,对你的所有工作进行丢弃、移交及修改删减,包括QBR。

2. 你的团队已经花了两个月的时间研读发条原则,请与他们进行讨论。

3. 如果他们还没有完成所有的发条练习,请让他们完成。

4. 在接下来的两个月中,致力于把执行时间减少到80%以下。如果你的执行时间已经低于80%,非常棒,请尝试再降低10%,把更多时间用于规划。

5. 致力于找到能够代替你履行QBR的人,这样你就不是唯一的QBR履行者了。

6. 想象一下,这四周假期会对企业产生什么影响。你不在的时候,你觉得企业会经历什么?没有了你,企业能够顺畅运转吗?

7. 预订假期(如果你还没有这么做的话):订机票、订酒店、支付订金、购买门票,把能让你完全下定决心的一切事情都做了。现在已经没有回头路了,朋友!

8. 寻求专业人士的帮助,提升企业效率。有的人在健身房凭借着自己的意志力锻炼身体,而有的人会找教练。在教练的指引下(让教练为自己负责),他们能获得更大的成功。你可以在

RunLikeClockwork.com 上找到"教练",指引你的企业,让它如发条般运转。

距休假 10 个月
进一步减少执行时间

1.再给自己做一次时间分析,确认执行时间已经少于80%或更少。

2.与团队沟通,把自己的执行时间减少至40%以下,并把腾出的时间尽可能用于规划。

距休假 8 个月
考核进度,配置预备人员

1.给自己做第三次时间分析,确认执行时间少于40%。

2.在接下来的60天里,致力于把执行时间降低至0%。

3.与团队一起制定计划并考核进度。

4.为每一个员工配置预备人员,同时确保人员没有冗余的情况。

距休假 6 个月
测试

1.休一周假进行测试。离开城市到一个没有网络的地方,或者待

第十章
四周假期

在家里,模拟断联的情况。只要不去办公室也不远程联系就可以。

2. 回到办公室的第一天召开会议。评估进展顺利和不顺利的方面,进行优化调整。

3. 确认四周假期的计划。

4. 在接下来的四个月中,致力于把决策和赋权时间降至5%,把规划时间提升至95%。

距休假4个月
继续测试

1. 第一周,再休一周假,断联七天。

2. 第二周,回来上一周班。与团队沟通,听取汇报,清除四周假期道路上的障碍。

3. 第三周,再休一周假,断联七天。

4. 第四周,与团队再次沟通,听取汇报,解决问题。

距休假2个月
为彻底断联时期做好计划

1. 再给自己做一次时间分析,确认执行时间为0%。如果没有达到这个目标,请立刻制定计划并采取措施。

2. 和团队一起,为彻底断联时期做好准备。谁来负责监控你的邮箱、社交媒体以及其他宣传平台?当你离开以后,让团队修改这些平台的密码,在休假结束之前向你保密。这样,他们就能管理你的账号,而你也无法登录,一石二鸟。

3. 谁来保管你的手机?如果度假的地方有固定电话,请把固定电话号码告知团队,也可以购买四周的预付费手机卡,以防万一。

4. 谁来盯你的行程?如果真的发生了紧急状况,团队需要知道你身在何方,以及如何联系你。这里的紧急状况指的是"死亡"——你自己或公司。请确认一个紧急联系人。

5. 致力于把99%的时间用于规划。100%是不可能的,你总得和团队分享信息及洞见,也就是为他人赋权及决策。但是,你的目标是尽可能地减少这类时间。

距休假1个月
袖手旁观

1. 做企业的旁观者。对自己严格一点,一定不要执行或决策。

2. 把手头剩余的工作赋权给团队。

3. 在休假的四周中,不用刻意规避规划时间,让它自然发生。这四周假期的目的是测试企业,确保它没有了你也能运转。你是一个企业家,也就是说,就算在假期里没有参与到企业的日常运营中,你也会规划工作。这是我们无法抑制的!带上几个小工具,让规划时间变得更高效。在最喜欢的文具店或者网上购买一个能装进口袋里的小笔记本,以及一支迷你笔或可伸缩笔。灵感迸发时,可以

第十章
四周假期

用这些工具把想法记录下来。

4.看一看还有哪些需要你解决的工作。不要解决它们,而是记录它们。这种情况本不应该发生,如果存在这类工作,那就说明你没有丢弃、移交或修改删减到位。现在,把这些工作交给其他人解决。

5.给即将和你一起度假的人鼓鼓劲儿,只剩四个星期就要休四周假了!

距休假1个星期
在公司里放个假

1.在公司里假装放个假,目标是完全不执行。现在,你应该已经没有任何要在某个节点前完成的工作了,除了自找的工作。这个时候,你的重点已经从紧急的工作转移到了重要的工作上。实际上,你应该已经完全不知道当下有哪些紧急的事项。除了最为严重的紧急状况,一切都应该在团队的掌控之中。

2.除了规划工作,如果还有任何工作占用了你的时间,请把它们赋权给团队,包括你偷偷藏起来留给自己完成的工作。你知道的,就是在经过了这么多精简流程后,那些你依然觉得只有自己能胜任的工作。是的,我正盯着你呢。我了解你,我了解你就像我了解我的双胞胎兄弟一样(如果我有的话)。我们是同一种人,朋友。是时候放下这最后一项工作了……

休假行动的前一天

1. 发出最后一封邮件（四周假期前的最后一封）到我的邮箱 Mike@OperationVacation.me，标题请写"我要出发啦！"（I'm outta here!）。我是督促你的责任伙伴，我需要知道你在出发之前，完成了自己决心要做的事情。

2. 让助理——或者你赋权查看各种账户的人——更改你的邮箱、Facebook 及其他账户密码，只有他们才能登录。

3. 上车吧，度假去咯！

休假进行中

1. 我不擅长传统意义上的冥想。我觉得盘腿坐下、嘴里低声哼哼，这实在太不舒服了。但是，我也确实会在某些瞬间迷失自己，或者说做了一场白日梦。我不知道这些瞬间会在什么时候发生，但我知道它们不会在什么时候发生——专心工作的时候。当我放松、徒步、骑车、坐在咖啡馆里、蒸桑拿、洗个长长的热水澡时，这种充满了纯粹的奇思妙想的神奇时刻就会发生。让它们自由发生吧。

2. 随身携带笔记本，永远记住这一点。我有一本可以装进口袋的小本子和一支笔。我的手机有录音功能，可以记录想法和点子。虽然你在休假，但这不意味着你不能把商业洞察或目标记录下来，等上班后再回顾它们。

第十章
四周假期

3.做有意义的社交。埋头于工作时,我们总会首先牺牲和爱人、朋友的相处时间,也不再倾听陌生人的故事。我们走得太快,错过了许多有意义的社交。现在,你已经远离了工作,请一定要聆听爱人的心声,停下来和同行旅客、商店老板或街头艺人聊聊天。

4.拍照。就算我不说,你大概也会这么做。但是,我之所以要把这项谁都会做的任务加在任务清单中,是因为你需要至少一张值得纪念的照片来代表这四周假期。为什么?因为回到公司后,你要把这张照片装裱起来,挂在办公室里。这张照片将时刻提醒着你完成的所有成就,并激励你规划下一次旅程。

休假结束后

1.回到公司的第一天,安排一场复盘汇报,并在接下来的四周中,每周都安排一次。我们要听取员工的汇报,从而改进,评估,改进,再评估,再改进。

2.在会议中,评估顺利的方面和不顺利的方面。哪些方面和预期相符?出现了哪些意料之外的挑战?在你离开之前,有哪些事情忘了处理?哪些方面还需要改进?四周的假期会将你没有规划到或预料到的问题放大。请解决并优化这些方面。

3.把下一次的四周假期定在一年之后,让休假成为一种常态。或许,你愿意迎接更大的挑战——休52周的假;要不,来一次终极挑战——永远休假。

你会注意到，在整个休假行动中我都没有说："告诉客户你要休四周假。"最终的成功是当客户表示："我都不知道你休假去了。"当然，如果你的离开会让客户面临风险，那还是应该提前告知。比如，你是一个医生，你的病人或许会遭遇突发状况需要联系你。或者你身处会计行业，有50个客户，而你选择在报税期的最后四周休假（如果你真的决定这么做，那可厉害了）。在这种情况下，你就需要通知客户，并告知他们你休假时的工作将如何安排。虽然我更倾向于不告诉客户，不过请运用你的专业判断力，自行斟酌。

我知道，我要求你做的事情在现阶段看来似乎是不可思议的。你每天忙得只睡四个小时，怎么可能休四周的假？我希望能够激励你，让你下定休假的决心。当然，依据我自身的经验，更重要的其实是下一个更小的决心。

多年来，我听过无数个实施了绝对利润法则的企业家和老板的故事。许多人不会完全遵循法则，只会完成最低限度的要求——每次存钱时，拿出一小部分存入利润账户。然而，这个小小的改变却对他们的企业造成了巨大影响，以至于许多人会悄悄地告诉我他们的成功故事。他们似乎不敢相信，把利润存起来这么一个简单的动作，能让企业实现如此巨大的增长，创造如此丰厚的利润。

所以，虽然我希望你能规划四周假期，让企业实现自主运转，但我会请你降低标准。简单一点，从下决心为企业做出以下两个改变开始：

第十章
四周假期

1. 把 1% 的时间用于规划；
2. 把 QBR 告诉所有人。

腾出一点规划时间，这样你就能完成书中的其他步骤，或者是构思出下一个伟大的产品，迸发出问题的解决方法。同样地，仅仅是意识到 QBR 是什么，你的日常工作方式就会发生改变。

两个改变，仅此而已。你能做到的。熟练了这两件事情后，你就可以做得更多。当你准备好实施"完整版的发条原则"时，可以随时翻阅这本书。不论发生什么事情，我都会一直陪伴在你的身边。

结　语

有一次，我要到微软全国广播公司①（MSNBC）为一档企业节目的一个板块进行录制。录制前一小时，我见到了瑞安·李（Ryan Lee）。这档节目叫《你的企业》（Your Business），主持人是JJ·兰贝格（JJ Ramberg）。有时候，节目组会允许我带一个人去参观录制。有一次，录制的当天早上，节目组的工作人员在确认我的时间时，告诉我可以多带一个人一起去现场。

参观著名的纽约洛克菲勒广场30号②、MSNBC录影棚以及《周六夜现场》（Saturday Night Live）录影棚，这多有意思。但即便如此，我也很难找到一个有空的人一起现场。就算提前几周或几个月约他们的时间，也是如此。

我认识瑞安好几年了，但还没有碰过面。在录制前一小时，我不抱希望地邀请他和我一起去录制。几秒后，我就收到了回复："好呀。

---

① 由微软与美国全国广播公司（NBC）联合创办，但微软已于2012年退出合作。——译注

② 美国全国广播公司总部所在地。——译注

结 语

我本来要去看电影的,但电影什么时候看都可以,一小时后见。"

看电影?那可是周四上午。瑞安肯定是提前请好了假,要带孩子去看电影,给孩子过生日。要不然就是,他的工作忙疯了,得抽出几个小时减压。

见到瑞安后,我发现我的猜测和真实情况相差十万八千里。事实是瑞安运营着一家价值数百万美元的公司——自由迪姆(Freedym)。公司只雇用了几个远程工作的员工,但他每周只需工作几个小时。剩下的时间,他都用来思考业务、制定策略、监控企业运转。他的爱好是看电影,最喜欢做的事情是和妻子、孩子们待在一起。他几乎每一天都和家人在一起。

我坐在演艺人员的休息室里,化妆师正往我的脸上抹着粉底,为录制做准备。我开始向瑞安不断地抛出问题。

"我从来没有见过像你一样有空的人,而且你的公司还这么成功。你是怎么做到的?"

瑞安拿起一颗葡萄抛向空中,想用嘴接住,但葡萄打到了他的脸颊上。他一边抛起第二颗葡萄,一边开始回答我的问题。这一次,他吃到了葡萄。

"你需要一套方法,迈克。从早到晚,你都需要完全遵循这套方法。只有在发生了意外时才采取行动,而在其他情况下,只需要监控进展。如果对业务表现不满意,就做一些小调整。"

他又拿起了一颗葡萄,示意我张嘴接着,并把葡萄抛向了我。我立刻移动身体向他靠过去,尝试接住。化妆师没想到我会突然动起来，把我的鼻子打红了（本来想给我打腮红的）。就这么一下，我的鼻子变得红彤彤的，像喝了不少酒似的。葡萄从我身边飞过，在粉底刷上弹了一下，轻轻地落在了地上。

这一切丝毫没有打断瑞安的节奏："以前，我们没有特定的、可以重复使用的获取新客户流程。我们社交媒体也做，广告也投，但都不成体系。我不知道什么方法有用，也不明白对于我们来说，'正常状态'是什么样子的。所以我不知道该怎么改进。"

"后来，我们建立了一套方法，并由一个人管理。"他继续说道，"我们每天都会重复使用这套方法，然后考核结果。我们会缓慢但坚定地优化这套方法，但从来不会偏离它。现在我们确切地知道，每天该做些什么来获取新客户，该在哪一个地方投放广告，以及怎么写文案、起标题、选图片。然后，我们只需要考核结果就可以了。如果指标显示进展不如预期，我们就会做出调整——每次只调整一个元素，直到解决问题。"

他又朝空中抛出了一颗葡萄，分毫不差地接住了。葡萄打在他的舌头上时，我听见了汁水迸溅的声音。

"我们收入翻了一倍，还能预测未来的情况。我把这套流程交给了一个同事管理，让他自主决策，好好运营。我只需要监控数字。如果有什么异常，我就会调查。现在，我每天可以花许多时间在我最喜欢的事情上——陪伴家人和看《十八岁之狼》(Teen Wolf)。这是最好看的电影，我都看了一百遍了。"

瑞安说的所有话都是完全正确的，都是有效的，除了"《十八岁

结　语

之狼》是世界上最好的电影"。我们都知道,《终结者 2》(*Terminator 2*)才是。

瑞安的故事没什么特别的。这件事情并不难,也不是只有少数人才能经历的。这和运气、因果报应无关;和他在初创企业时工作得有多努力无关;和他交了多少学费、有多少人脉也无关。这只和企业制度有关。你的企业可能进展缓慢,也可能停滞不前;你可能淹没在繁重的工作中,也可能负债累累,又或者两者兼而有之;你可能刚刚开始,也可能已经准备放弃。不论身处哪种情况,你都可以书写出自己版本的瑞安的故事。

瑞安不比你聪明,也不比你幸运。实际上,他以前也曾硬着头皮死撑着企业。他像牲口一样工作,扛着企业繁重的债务,三年没有给自己发过工资,只为了能给员工发钱。在巨大的压力下,瑞安的双手曾剧烈疼痛,连罐子也打不开;腿也疼得厉害,连走路都困难。而现在,他的身体很健康,企业也很健康。

不论你拥有什么,没有什么;不论你面对着什么挑战,犯过什么错误;不论怎么样,你都可以打造出自主运转的盈利企业。在翻开这本书之前,你可能还不知道该怎么做。而现在,你已经学习到了一套可实施的方法。

我相信这套方法是有效的,我也相信你肯定能成功。

我已经迫不及待地想看看你在四周假期里拍的照片了,不论是在缅因州、西班牙、南极洲,还是你想去的任何地方。

现在就动起来,规划你的企业,让它自主运转……就像发条一样。

致　谢

　　打一个奇怪的比方，图书的作者就像乐队的主唱。主唱获得了所有人的关注，不仅仅因为他穿着尴尬的紧身裤，也因为他站在舞台的前方，朝着麦克风大喊大叫。然而，如果没有了其他乐队成员，音乐是不会存在的。美妙的音乐需要每个人携手共创。主唱获得了所有关注，这有点不公平；就好像我作为作者，获得了所有关注，这也是不公平的。在舞台上，我的身边还有一支强大的乐队，请让我为你一一介绍：

　　鼓手：安佳娜特·哈珀（Anjanette Harper），绰号"AJ"。如果说，我是我的作品的灵魂，那么她就是心脏。我的每一本书都少不了她的协作。她对高质量的文字及清晰的表达方式有着不懈追求。到目前为止，《发条原则》是我们合作过最具挑战性的项目。经过了六年的努力，以及废掉了一整篇书稿后（真的），我们终于完成了这个项目。这是我最出色的作品，也是安佳娜特最出色的作品。谢谢你，AJ。

　　作曲家：考希克·维斯瓦纳特（Kaushik Viswanath，发音是"世界上最好的编辑"）。考希克从不接受"还可以"。他将这本书完全

致　谢

粉碎，然后重塑出了一本远远好于从前的书。多亏了考希克的努力以，以及他对质量的坚持，《发条原则：让企业有序运转的管理模式》才能脱胎换骨。谢谢你，考希克。

主音吉他手：利兹·多布林斯卡（Liz Dobrinska）。我和利兹共事已经超过 10 年。每一个网站、每一张图片，甚至连这本书的封面①，都是利兹的杰作。她能将我的想法化作现实。她这方面的能力之强，每一次都能让我叹为观止。谢谢你，利兹。

节奏吉他手：安珀·达格（Amber Dugger）。我喜欢管她叫我的 Glam BLaM——迷人的图书发行经理。在原稿完成之前，她就开始宣传《发条原则：让企业有序运转的管理模式》了，并一直不知疲倦地努力着。她所做的一切都是从心出发（这就是 Glam BLaM 的迷人之处）。她一直在宣传这本书，因为这是对的事情。谢谢你，安珀。

贝斯手：阿德里安娜·多里松。贝斯是联结所有声音的乐器，而这正是阿德里安娜在《发条原则：让企业有序运转的管理模式》项目中的作用。她推出了 RunLikeClockwork.com，该网站专门为有需要的企业家提供支持，帮助他们实施发条原则。如此重要的工作，我只相信她一个人。（而且，她真的很在行。）谢谢你，阿德里安娜。

伴唱：凯尔西·艾尔斯（Kelsey Ayres）。能和凯尔西共事，我的

---

① 指英文版封面。——编注

感激之情无以言表。她不仅仅是我的私人助理,也是我的右手、我的大脑以及出色的朋友。她是这个星球上最善良的灵魂。能和你共事,是我的荣幸。你使用《发条原则:让企业有序运转的管理模式》这本书,孜孜不倦地服务着企业家。对此,我无限感激。谢谢你,凯尔西。

最后,我要谢谢我最忠实的粉丝(她有点像个狂热的追星粉)——我的妻子克丽斯塔。我衷心地谢谢你和孩子们支持我的梦想——通过写书来消除企业家贫困。我对你和孩子们的爱胜过千言万语,谢谢你与我同行。我生活你①(没有写错)。

---

① 原文为 I live you。——译注

关键词汇表

ACDC：企业中有四个主要环节：引流——吸引潜在客户（Attract）；转化——把潜在客户转化为客户（Convert）；交付——向客户交付允诺的产品（Deliver）；收款——收取款项（Collect）。大部分企业的流程顺序都是 ACDC，但也有例外。比如，有的企业会在交付服务之前收款，有的企业会在潜在客户还未转化之前交付服务。

◆ ◆ ◆

主动时间分析法（Active Time Analysis）：这个方法可用于监控你和你的同事通常是如何分配工作时间的。使用这个方法，看一看你在四个 D 上都花了多少时间吧。

◆ ◆ ◆

奇多玉米棒（Cheetos）：只能用恶心来形容。除非搭配啤酒，它们才没有那么难吃。喝得再多一点儿，它们就会神奇地变得美味起来。

◆ ◆ ◆

下定决心（The Commitment）：一旦决定了企业的理想产品后

（依据你的能力及喜好），就需要找出产品最适用的客户，并下定决心把所有精力都集中于服务这类客户上。

◆ ◆ ◆

虎背胖爹(Fat Daddy Fat Back)：我还有一个颇具嘻哈精神的自我，这就是他的名字。我真的以说唱为副业了吗？你可以"谷歌一下"。

◆ ◆ ◆

4D 模型(The Four Ds)：四种类型的工作，也是工作的四个阶段，公司里的每一个人都会把时间用在它们上面。员工要么在执行(Doing)工作，要么在为他人做决策(Deciding)，要么在把工作赋权(Delegating)给他人，要么在规划(Designing)如何让大家完成工作。在大部分情况下，员工所做的工作都是这四个 D 的集合体。

◆ ◆ ◆

四周假期(Four-Week Vacation)：大部分企业都会在四周时间里经历所有的经营活动。作为企业老板，如果你离开公司整整一个月，那么企业将不得不自主运转。一旦下定决心休四周假，你的心态就会马上转变，开始为公司实现自主运转做准备。

◆ ◆ ◆

格兰特的肯尼巴戈营地(Grant's Kennebago Camps)：这里已经成为我们一家常去的度假地。我们谁也不会打猎，也不会钓鱼。在营地中，我们总显得格格不入。但是，去这里度假已经成了我们生活的一部分。如果你在这里度假时遇到了我们，请让我的妻子为你讲述"蝙蝠的故事"，这是我们全家的最爱。

◆ ◆ ◆

摩德小姐酒店（Miss Maud Hotel）：澳大利亚珀斯的必打卡地。一定要尝一尝他家的瑞典式自助早餐和苹果派，好吃极了。

◆ ◆ ◆

休假行动（Operation Vacation）：《发条原则：让企业有序运转的管理模式》的读者（以及其他人）首先会把时间分配给自己，然后再按需分配给企业。休假行动就是为这些人发起的一项运动。这与绝对利润法则类似：首先分配利润，然后反向驱动企业，确保获得盈利。

◆ ◆ ◆

最佳 4D 模型（The Optimal 4D Mix）：企业的最佳 4D 模型为 80％执行，2％决策，8％赋权，10％规划。不过，这不是企业家或老板的最佳模型，也不一定适用于员工，而是企业的最佳模型（员工个人的 4D 模型的集合体）。

◆ ◆ ◆

帕金森定律（Parkinson's Law）：为了对标某种资源的供应量，人们会不断增多对这种资源的消耗量。比如，你把越多的时间分配给了某个项目，你就会花越多的时间去完成这个项目。

◆ ◆ ◆

主要职责(Primary Job)：员工所承担的最核心的职责，优先级高于其他一切工作。

◆ ◆ ◆

绝对利润法则(Profit First method)：在动用公司收入之前，把预先设定好的一定比例的收入直接存入利润账户。在支付账单之前，应该先完成利润的分配。完整的流程记录在《绝对利润》一书中。

◆ ◆ ◆

QBR(蜂后职能,Queen Bee Role)：企业的核心职能，能否保障它决定了企业成功与否。

◆ ◆ ◆

个体企业家(Solopreneur)：独自掌控并运营企业的人。

◆ ◆ ◆

生存陷阱(Survival Trap)：生存陷阱指的是处理紧急的工作，无视重要的工作，形成了永无止境的恶性循环。掉入生存陷阱后，你将不断地应付日常的突发状况，以维持企业存活。而发条型企业将助你逃离生存陷阱。

◆ ◆ ◆

头部客户(Top Clients)：企业的最佳客户。通常来说，这类客户的消费最多，你也最喜欢和他们合作。找出并克隆头部客户的流程，记录在《现在开始，只服务最佳客户》一书中。

◆ ◆ ◆

丢弃、移交和/或修改删减(Trash,Transfer,and Trim):若员工因为某项工作而分心,无法履行 QBR 或主要职责,可以使用上述三种方法的任意一种为他们移除该项工作。通常来说,这个方法会把执行与决策工作交给"低级别"员工,把规划和赋权工作交给"高级别"员工。

作者的话

感谢阅读《发条原则:让企业有序运转的管理模式》,我衷心希望你能构建出设想中的企业。我希望这本书带领你向目标迈出了一大步。

可以帮我一个小忙吗,当然这不是必需的。

你愿意为《发条原则:让企业有序运转的管理模式》写一条真实的评价吗?

书评能够最有效地让同行的企业家与商业领袖知道这本书,并了解这本书对他们是否有价值。你的评价,即使只有一两句话,就能达到这个目的。只需前往购买书籍的网站(或书店的网站)发表评价即可。

重申一下,我只想要你真实的评价。如果喜欢这本书,那就请说喜欢;如果觉得这本书很一般,可以如实地告诉我(但麻烦尽量不要说我的坏话);如果对这本书没什么感觉,也请和我分享这一点。

作者的话

最重要的是,其他企业家能够听到你对《发条原则:让企业有序运转的管理模式》的真实想法。

谢谢你,祝愿你在这一年中取得前所未有的成功,你是最棒的!

迈克